JESUS-BESINNUNGSWEG

Jesus Besinnungsweg Naturns

Geistlicher Führer

Verfaßt von Georg Peer

Pfarrer von Naturns

VERLAGSANSTALT ATHESIA · BOZEN

Wortabkürzungen

Mt	Evangelium nach Matthäus
Mk	Evangelium nach Markus
Lk	Evangelium nach Lukas
Joh	Evangelium nach Johannes
1 Joh	Erster Johannesbrief
GL	Gotteslob, diözesanes Sing- und Gebetbuch
LS	Liedersammlung

2001

Aufnahmen Innerhofer Photodesign, Meran
(mit Ausnahme von Seite 6, 7, 17, 41 und 67)
Gestaltung & Layout Erwin Kohl
Umschlaggestaltung Athesiagrafik
Gesamtherstellung Athesiadruck, Bozen
ISBN 88-8266-107-5
Internet www.athesiabuch.it
E-Mail buchverlag@athesia.it

Inhaltsübersicht

Gehen wir gemeinsam!

Die Errichtung des Besinnungsweges zur Jahrtausendwende stellt sicherlich eine große Bereicherung für unsere Gemeinde dar. Gleichzeitig ist es gelungen, die Natur selber zur Botschafterin zu machen.

Überaus erfreulich ist, daß breite Bevölkerungskreise engagiert an der Verwirklichung dieses geistigen Vorhabens mitgewirkt haben. Über sechzehn Verbände, Vereine und Private aus der Gemeinde erklärten sich bereit, die Verantwortung für die Errichtung und Pflege eines Besinnungspunktes zu übernehmen.

Allen möchte ich meinen herzlichen Dank aussprechen: der Landesverwaltung mit Landeshauptmann Dr. Luis Durnwalder, der Forstverwaltung, den Vereinen und Verbänden, den vielen Privaten, dem Pfarrgemeinderat und dem Gemeinderat und insbesondere dem Ideator und unermüdlichen Promotor Dekan Georg Peer.

Dank gebührt auch dem Athesia-Buchverlag mit seinem Leiter Dr. Alfons Gruber für die Herausgabe dieses Buches. Es möge für alle ein sinnvoller Begleiter sein.

Ich lade Einheimische und Gäste ein, diesen Besinnungsweg gemeinsam zu gehen.

Dr. Walter Weiss
Bürgermeister von Naturns

Naturns, im Juni 2001

Vorwort

Die vorliegende Schrift hat weniger Souvenirzweck als vielmehr die Aufgabe, den Jesus-Besinnungsweg von Naturns vorzustellen, zu beschreiben und als GEISTLICHER BEGLEITER bei Begehungen zur Verfügung zu stehen.

Wenn sich jetzt – nach Abschluß der wichtigsten Auf- und Ausbautätigkeit des Weges selbst – der Blick zurückwendet, stellt sich mit Vordringlichkeit das Bedürfnis ein, an verschiedene Adressen einen großen Dank zu richten:

Zunächst gilt ein solcher Dank den Pfarrgemeinderatsmitgliedern von Naturns und Tabland für den mutigen Entschluß, im Tiroler Jubiläumsjahr 1996, anstatt eines traditionellen Kreuzweges, dem ganz neuen Konzept eines Jesusweges den Vorzug zu geben.

Auf dem Weg der Verwirklichung des Vorhabens kann ich heute nicht anders als feststellen, daß ein guter Geist die Ausführung des Planes von Anfang an offenkundig begleitet hat. Unüberwindliche Schwierigkeiten bei der Realisierung zwangen die Vertreter der Pfarre, die mit der Durchführung betraut waren, vor allem den Arbeitskreis Besinnungsweg, auf eine zweite und dritte Wahl zurückzugreifen, soweit überhaupt noch ein Funke Kraft zum Weitermachen vorhanden war. Und es hat sich herausgestellt, daß die *dritte Wahl* sich als absolut *erste* erwiesen hat. Dieser Dank ist an den Himmel zu richten.

Der nächste große Dank gilt den Grundbesitzern: Hof, Ober- und Unterschwarzplatz, Kellerbach, Franz Gorfer und der Eigenverwaltung. Mit großem Verständnis und entgegenkommender Bereitschaft haben sie der Wegführung über ihren Besitz zugestimmt. Danke!

Ein Name soll in diesem Zusammenhang ausdrückliche Erwähnung finden, nämlich jener des inzwischen verstorbenen Landesförsters Dr. Josef Haller. Mit seiner festen Zusage, daß die Forstverwaltung den Ausbau der notwendigen Wandertrasse für den geplanten Besinnungsweg übernehmen würde, eröffnete sich für die Arbeitsgruppe erst die Möglichkeit einer Gesamtrealisierung. Nach dem allzufrühen Tod von Dr. Haller 1998 bestätigte, Gott sei Dank, der Landeshauptmann diese mündliche Zusage. Ein wesentlicher Teil für die Verwirklichung des Projektes war damit sichergestellt.

Das Besondere des JUBILÄUMSDENKMALS 1996 präsentiert sich in der Aufgabenteilung. Es ist in unserer Zeit gewiß nicht mehr so selbstverständlich, daß eine ganze Reihe von Bürgergruppen durch die Übernahme einer Patenschaft Arbeitskraft und Kapital in so engagiertem Maß für ein rein religiöses Projekt zur Verfügung stellt. Auf diese Weise konnte der Aus- und Aufbau aller 15 Besinnungspunkte einschließlich des Eingangstores durchgeführt werden. Dabei darf mit großem Dank auch sehr vieler zusätzlicher großzügiger Sponsoren gedacht werden und ebenso vieler anonymer Spender.

An der Verwirklichung des Besinnungsweges hat die Gemeindeverwaltung von Naturns einen wesentlichen Anteil. Viele Wege zum Ziel konnten erst über die Vermittlung des Herrn Bürgermeisters persönlich sowie durch den tatkräftigen Einsatz der Gemeindeverwaltung insgesamt geebnet werden; abgesehen von einem erheblichen Teil der Mitfinanzierung.

Die methodische Ausrichtung des vorliegenden Führers hat erwachsene Begeher vor Augen. Der Weg selber wird aber mit Vorliebe auch von Schülergruppen mit Erwachsenenbegleitung begangen. Die Erfahrung hat gezeigt, daß gerade für sie ein methodisch angepaßtes Hilfsmittel zur glaubensbezogenen Auswertung wünschenswert wäre. Wer einschlägige Versuche mit guter Erfahrung gemacht haben sollte, sei hiermit herzlich gebeten, eine kurze schriftliche Darstellung an das Pfarramt von 39025 Naturns, Schloßweg 1, zu schicken. Aber auch jede andere Idee für diesen Zweck wird dankbar angenommen. Vielleicht gelingt es in absehbarer Zeit, einen besonderen Führer für den Jesusweg auch für Kinder und Jugendliche zur Verfügung zu stellen.

Georg Peer
Pfarrer von Naturns

Naturns, in der Fastenzeit 2001

■ »Ich werde nicht sterben – Sammlung geistlicher Lieder«. Dieses Singbuch ist eine Privatausgabe der Pfarre Naturns. Die meisten der unter LS angegebenen Lieder finden sich auch in anderen im Handel erhältlichen Singbüchern mit modernem geistlichem Liedgut.

Entstehung

■ Zur 200-Jahr-Feier des Herz-Jesu-Gelöbnisses von Tirol im Jahr 1996 haben die in Plaus zu einer Klausur versammelten Pfarrgemeinderäte von Naturns und Tabland am 29. Jänner 1996 beschlossen, auf dem Gemeindegebiet von Naturns ein sichtbares Zeichen der Gelöbniserneuerung zu errichten. Es sollte gewissermaßen eine öffentliche Dokumentation des Einverständnisses mit dem Versprechen der Vorfahren sein.

Konzept

■ Die erste Idee war ein Kreuzweg im Freien. Eingehende Überlegungen führten zum Vorhaben, das ganze Leben Jesu in die betende Betrachtung einzubeziehen. So wurde aus dem Kreuzweg der Jesus-Besinnungsweg, kurz auch Jesusweg genannt. In Methode und Aufbau blieben die altbewährten und in der Volksfrömmigkeit tief verwurzelten Gebetsformen des Rosenkranzes und des Kreuzweges Vorbild. Die Verbindungselemente sind:

✦ 1. das Betrachten im Gehen;

✦ 2. vom Rosenkranz und vom Kreuzweg die Anzahl der Besinnungseinheiten (GEHEIMNISSE oder STATIONEN), nämlich fünfzehn, sofern heute auch beim Kreuzweg gerne eine 15. Station, Auferstehung, hinzugenommen wird;

✦ 3. vom Rosenkranz-Psalter im besonderen (Freudenreiche, Schmerzhafte und Glorreiche Geheimnisse) die Unterteilung auch in drei Hauptabschnitte: Menschwerdung, Gute Nachricht, Vollendung – und

✦ 4. die Formulierung der in einem kurzen Satz zusammengefaßten Botschaften des Jesusweges zu sogenannten MITGEHSÄTZEN, ähnlich den Geheimnissen des Rosenkranzes, z. B. »Jesus, Sohn des ewigen Vaters, Mensch geworden in Maria« usw., die sich auch als Geheimnis dem »Gegrüßt seist du, Maria …« auf die gewohnte Rosenkranz-Weise anfügen lassen.

Der Jesusweg und die Natur

■ Der nun fertiggestellte Besinnungsweg will die Umgebung mit der besonderen Gestalt des Geländes, den Bewuchs, die STIMMUNG der ganzen Landschaft usw. in die Vermittlung der Botschaft einbeziehen. Es handelte sich also weniger darum, den ausersehenen Weg in mehr oder weniger gleich große Abschnitte einzuteilen, als vielmehr, die Natur selber zur Überbringerin der Botschaft heranzuziehen. Aus diesem Grund sind die Teilstrecken von einem Besinnungspunkt zum anderen unterschiedlich lang. Doch dürfte das gesteckte Ziel, Botschaft und Natur zu verbinden, gut erreicht worden sein.

Wegverlauf

■ Am Fuß des Nörderberges, dem südlich von Naturns aufsteigenden Berghang, etwa 120 Meter nach dem Gasthaus Zollwies, erblicken wir am linksseitig abzweigenden Wanderweg das große, nicht zu übersehende Eingangstor zum Jesusweg. Dem alten Wanderweg folgend steigt der Besinnungsweg auf dem Mündungsschuttkegel des Kellerbaches langsam bergan, die Berührung mit der Asphaltstraße meidend.

Überblick

■ Schon die einzelnen Wegstrecken spiegeln in gewisser Weise den Lebensweg Jesu. So hat auch das Leben Jesu begonnen: Am Rand der großen Welt, in Betlehem und in Nazaret, AUGENBLICKHAFT auch die heilige Mitte des Volkes und Landes Israel berührend, die Stadt und den Tempel von Jerusalem. Um diese drei Punkte rankt sich der erste und zeitlich längste, aber doch verborgene Lebensabschnitt Jesu. So auch die ersten drei Besinnungspunkte des Jesusweges. Man begegnet nahe nacheinander noch auf dem Siedlungsgebiet des Dorfrandes: VERKÜNDIGUNG, GEBURT und DARSTELLUNG IM TEMPEL: Besinnungspunkt ❶, ❷ und ❸. Darauf wendet sich der Weg dem Kellerbach zu und verläßt damit die GROSSEN STRASSEN DER WELT.

Die Route des Besinnungsweges folgt auch im weiteren Verlauf gewissermaßen dem Leben Jesu, der im jungen Mannesalter Nazaret verläßt und Johannes am Jordan aufsucht, um sich von ihm *nach dem Willen des Vaters* taufen zu lassen. Der Besinnungspunkt ❹, TAUFE IM JORDAN, ist dementsprechend direkt in das Bett des Kellerbaches eingefügt. Der Kellerbach wird zum Jordan.

Anmerkung: Der Kellerbach ist im Sommer allerdings meistens trocken, weil das Wasser weiter oben für die Feldbewässerung abgeleitet wird.

Der Taufe folgen die berühmten vierzig Tage in der Wüste. Auch der Jesusweg windet sich nun den östlichen Hang des Kellerbachtales hinauf und erreicht damit ein Gelände, das recht stark den Eindruck WÜSTE vermittelt. Wie künstlich arrangiert reihen sich am Weg die von Matthäus erzählten Versuchungen: Die Steine, aus denen Jesus nach der Aufforderung des Teufels hätte Brot machen sollen, der Absturzfelsen als ZINNE DES TEMPELS, auf die der Satan Jesus stellte, damit er vor dem Volk eine phantastische Show hätte abziehen können, und schließlich der Blick auf ALLE REICHE DER WELT vom Aussichtspunkt des Bergrückens aus, auf den der Besinnungsweg schließlich gelangt. Erzählmäßig – vor allem nach Matthäus und Lukas – ein dramaturgischer Höhepunkt im Leben Jesu. Das spiegelt auch der Wegverlauf wider mit dem Besinnungspunkt ❺.

Das Große der Welt wird dem gegenübergestellt, was für die Sendung Jesu das Wesentliche, das wirklich Große bedeutet. Jesus verläßt den SEHR HOHEN BERG, auf den der Satan ihn geführt hatte, und steigt in die Niederungen des normalen Menschen herunter. So auch der Jesusweg. Als eine Art Nachhutgefecht des Versuchers wird die Begegnung Jesu mit den Mitbürgern in seiner Vaterstadt erzählt. Jesus geht in die Gegenoffensive: Nicht im Nehmen, das heißt im Besitzen und Herrschen, besteht der Auftrag, den er von seinem Vater erhalten hat, sondern im Geben, das heißt in der entschiedenen Hinwendung zu den Schwachen und Gebrechlichen dieser Erde, um ZU RETTEN UND ZU BEFREIEN. Angesprochen sind nicht nur die körperlich Behinderten, sondern weit mehr jene, die wirklich NIEDERGEFALLEN sind vor dem, der ALLE REICHE DER WELT als Belohnung versprochen hatte. Wie stark die Landsleute des Meisters bereits begeistert waren, zeigte sich in ihrer Reaktion, da sie ihn hinabzustürzen drohten *vom Felsen, auf dem ihre Stadt erbaut war.* Kurz bevor der Besinnungsweg die Talsenke erreicht, ist der eben dargestellte Besinnungspunkt tatsächlich auf einem Felsvorsprung eingefügt unter dem Titel SENDUNG UND AUFTRAG – Besinnungspunkt ❻.

Im Leben Jesu folgen nun das Wirken und die Verkündigung des Reiches Gottes mitten unter den Menschen. Für die Angesprochenen eine Zeit des Hörens, Nachdenkens und der Entscheidung. Der Besinnungsweg folgt in sanftem Anstieg dem Kellerbachtal. Die Landschaft ist ruhig, geradezu geprägt von Sammlung und Verinnerlichung. Kaum etwas lenkt ab. Die dramatische Ausgesetztheit der Versuchung ist abgefallen, die WELT weit weg, dem Auge und auch dem Ohr entschwunden. Man kann sich ungestört mit der Botschaft beschäftigen. Selbst ärgste Vinschger Winde, die den Wanderer kurz vorher noch vom Berg der Versuchung zu blasen drohten, sind hier auf einmal gebändigt, wenn nicht ganz verstummt. Der Wald und das tief eingeschnittene Tal brechen im Winter der Kälte und im Sommer der Wärme die Spitze. Wahrhaft die ideale Wegstrecke, um die Botschaft Jesu zu verinnerlichen.

Aus der Fülle des Lebens und der Botschaft Jesu mußte allerdings ausgewählt werden, ohne Anspruch, auch wirklich das Stärkste getroffen zu haben.

Das sind sie, die fünf Besinnungspunke mitten unter den Menschen:

⑦ DIE BERGPREDIGT
im arenaartigen Talboden mit schütterem Wald

⑧ DER VERLORENE SOHN
an der Straßenkreuzung

⑨ LASST DIE KINDER ZU MIR KOMMEN!
in einer weichen und lichterhellten Geländemulde

⑩ HEILUNG DES GELÄHMTEN
am Weg das jüdische (Gebets-)Haus, in dem Jesus einem seelisch Verzweifelten und körperlich Gelähmten Befreiung und neues Leben schenkte, und ganz oben an der Wende

⑪ DAS ABENDMAHL
als weiteren Höhepunkt das Abschiedsmahl, laut Markus und Lukas im Obergeschoß, deshalb erhöht auf einer Geländeplattform.

Laut dem Bericht aller Evangelisten wird der Eintritt Jesu in den letzten und schmerzlichsten Abschnitt seines Lebens angezeigt mit dem Gang zum Ölberg. Johannes verdeutlicht Weg und Richtung: »... ging Jesus mit seinen Jüngern hinaus auf die andere Seite des Baches Kidron« (Joh 18,1). Auch auf dem Jesusweg überschreiten wir erneut den Kellerbach und treten damit in die unmittelbare Betrachtung dieser alles entscheidenden Phase des Lebens Jesu. Die Landschaft verdichtet sich zur symbolträchtigen Kulisse, die an Eindringlichkeit und Dramatik nichts zu wünschen übrig läßt. Der Ort der VERURTEILUNG – Besinnungspunkt ⑫, läßt Angst aufkommen, wenn man die Brüchigkeit des Felshanges im Hintergrund näher ins Auge faßt. Stärker kann die Anmaßung des Menschen als Richter über seine Mitmenschen – und in unserem Fall selbst über Gott – kaum charakterisiert werden als: »Wir haben ein Gesetz und nach diesem Gesetz muß er sterben.«

Auf Schritt und Tritt läßt es der anschließende Wegabschnitt spüren: Kreuzweg! Er mündet auf einen zerrissenen Felskopf, GOLGOTA – SCHÄDELORT. Der Ort kündet es an, das innere Ausgesetztsein des Menschen in spürbarer Todesnähe – Besinnungspunkt ⑬.

Auf dem schwindelerregenden Absturzort des Todes ist der Leidensweg noch nicht zu Ende. Ja, Schmerz und Leid von Hinterbliebenen steigern sich meist noch, kommen erst richtig zum Ausbruch nach der Beerdigung eines geliebten Menschen. Dem entspricht die Führung des Weges, der nach der Kreuzigung weiter ansteigt, bis er verflacht und schließlich nach einer scharfen Kehre in die dämmrige Tiefe schwarzer Resignation sinkt. Auch die Freunde und Freundinnen Jesu stürzen nach dem tragischen Tod ihres geliebten Meisters in stumpfe Hoffnungslosigkeit. Unser Besinnungsweg bringt auch das ins Bild. Er scheint an der dunklen Wand des Grabes zu enden. Doch es gibt einen DURCHBRUCH. Im finsteren Abgrund gibt es nur diesen Weg. Man muß durch die Ketten des Todes hindurch! Unvermittelt öffnet sich dann aber der Ort des Lebens: AUFERSTEHUNG! Besinnungspunkt ⓮. Alles strahlt, alles atmet, alles spricht: Leben!

■ Dreimal hob und senkte sich bisher der Verlauf des Besinnungsweges und folgte damit auch einem inneren Rhythmus des Lebens Jesu. Nach der Auferstehung sind nun die Jünger Jesu dran. Die Richtung geht auf Erdnähe zu und drückt sich in einem angenehmen Abstieg aus. Der Weg kreuzt die Schwarzplatzerstraße, Treppen überwinden steilere Abschnitte. Eine wichtige Botschaft ist noch ausständig, die GEISTSENDUNG – Besinnungspunkt ⓯. Die Landschaft bietet dafür einen eindrucksvollen Ort. Wie die vom Heiligen Geist erfüllten Jünger und Jüngerinnen auf die Höhe einer intensiven Begeisterung getragen werden, trifft der Besinnungsweg mitten im Abstieg tatsächlich noch einmal auf einen pyramidenförmigen, kleinen Berg, auf dessen abgeflachter Höhe der Saal gedacht werden kann, in dem sich die 120 Zeugen zum Gebet eingefunden hatten (Apg 1,15) und über die, angezeigt von einem mächtigen Brausen und von Feuerzungen, die verwandelnde Kraft des Gottesgeistes hereinbrach und die Jünger und Jüngerinnen befähigte, die Botschaft des Lebens in alle Windrichtungen bis an die Grenzen der Erde zu tragen. Der Ort ist in der Tat lichtdurchflutet, jedem Windhauch ausgesetzt und – um an die Feuerzungen zu erinnern – von einer Feuerstelle in der Mitte gekennzeichnet.

Die fünfzehn Besinnungspunkte

Jeder Besinnungspunkt hat drei Bereiche:
- ✦ eine Sitzgelegenheit (ausgenommen die Kreuzigung)
- ✦ den Symbolgegenstand oder das Bild
- ✦ die Schriftsäule

■ DIE SITZGELEGENHEIT

Die Formen sind sehr unterschiedlich und laden auf jeden Fall zum Ausruhen oder zum Verweilen ein.
Der Besinnungspunkt ⓫ – DAS ABENDMAHL bietet sich an, auch einmal Brot miteinander zu teilen oder einfach den Ort

ganz auf sich wirken zu lassen, wie beim Besinnungspunkt ⑭ – AUFERSTEHUNG.

■ DER SYMBOLGEGENSTAND ODER DAS BILD
Wenn im folgenden von *Bild und Deutung* die Rede ist, dann ist nicht ein etwa eingefügtes Foto gemeint, sondern das, was sich dem Begeher auf jedem Besinnungspunkt den Augen darbietet mit Natur und Bauwerk oder was immer am Ort unmittelbar zu sehen und zu erspüren ist.

■ DIE SCHRIFTSÄULE
Nach ihrer äußeren Form ist diese das Gleichbleibende bei allen fünfzehn Besinnungspunkten: ein zwei Meter hoher, der Länge nach geteilter Zirmstamm mit den notwendigen Informationen auf seiner flachen Seite.

Jede Säule weist ihrerseits auch drei Elemente auf:
✦ Titel und Botschaft
✦ einen freien Gestaltungsraum als Wechselrahmen
✦ den Mitgehsatz

■ DIE BOTSCHAFT auf den Schriftsäulen besteht ausnahmslos aus Worten des Neuen Testaments, zitiert hauptsächlich nach der Übersetzung »Die Gute Nachricht« von 1976. Im vorliegenden geistlichen Führer zum Jesus-Besinnungsweg wird der ganze Evangeliumsabschnitt, dem die *Botschaft* entnommen ist, eingefügt nach der »Gute Nachricht«-Übersetzung von 1982.

■ DER GESTALTUNGSRAUM (Wechselrahmen) ist eine leicht vertiefte Fläche im Ausmaß von etwa 30 x 40 cm und dient zur Aktualisierung der Botschaft des jeweiligen Besinnungspunktes. Aktualisierung bedeutet natürlich immer wieder Veränderung.

■ DER MITGEHSATZ faßt die Botschaft möglichst kurz zusammen und dient dem *Mitnehmen*, das heißt zum gedanklichen *Umgehen damit* bis zum nächsten Besinnungspunkt. Er kann zum meditierenden Gebet gemacht werden, indem er im Rhythmus des Gehens laut, halblaut, leise oder auch nur innerlich wiederholt wird.

Das Eingangstor

■ Es wird gebildet von zwei mächtigen Kastanienbaumstämmen, deren zwei verbliebene Äste sich in X-Form über dem Weg kreuzen, damit den griechischen Buchstaben CH bildend. (Im griechischen Alphabet bedeutet das Zeichen X nicht X, sondern eben CH.) Darüber liegt von oben nach unten der kastanienhölzerne Buchstabe »P«, aber wieder in der griechischsprachigen Bedeutung eines »R«. Also lesen wir dieses P und X nicht als »Pax«, wie allgemein üblich, sondern es sind die Anfangsbuchstaben des Namens CHR-ISTUS.

Um das Monogramm ist ein mächtiger Ring gelegt, ebenfalls aus Kastanienholz. Damit werden wir noch deutlicher an den Ursprung des ganzen Zeichens geführt, nämlich in die Urzeit des Christentums in Rom. Aus dem 4. Jahrhundert stammt nämlich ein Sarkophag im Lateran, an dem außen dieses Monogramm zum ersten Mal auftaucht, damit untrüglich das Grab eines vornehmen Christen anzeigend und symbolhaft auch das Herzstück der christlichen Botschaft, nämlich den Glauben an die Auferstehung. Der Zusammenhang rührt vom Brauch der römischen Legionen her, die nach einem siegreichen Feldzug im Triumph in Rom eingezogen sind und dabei als Siegesbotschaft ihre Legionsstandarten mit einem Lorbeer- oder Eichenlaubkranz umgeben haben.

Erst jetzt können wir die Bedeutung auch des Erkennungszeichens des Jesusweges richtig lesen: Wir folgen dem Lebensweg Jesu Christi, des Siegers über den mächtigsten Feind des Menschengeschlechtes, nämlich des Siegers auch über den Tod.

Abschnitt I
Besinnungspunkte 1 bis 5

Menschwerdung

■ Der Umfang des ersten Abschnittes, Besinnungspunkte ❶ bis ❺, ist beziehungsvoll: Von der Empfängnis bis nach der Versuchung durch den Teufel: Das alles ist für Gott, der Jesus von Ewigkeit ja ist, MENSCHWERDUNG! Nicht nur das Eingehen in die Kleinheit eines Embryos im Schoß einer menschlichen Mutter, nicht nur die gezielt gewählte Armut der Geburtsumstände in der Hirtengrotte von Betlehem, nicht nur das Sich-Unterstellen unter ein völkisch bedingtes Gesetzesnetz, wie wir diesem in der DARSTELLUNG IM TEMPEL begegnen, sondern ein Noch-viel-tiefer-Steigen im Sich-Hineinfesselnlassen in die Verstrickung menschlicher Sündhaftigkeit, ausgedrückt durch die Taufe im Jordan, ja mehr noch, als einen Extrempunkt menschlicher Existenz, das Ausgesetztsein den menschheitsbedrohenden Versuchungen im eigenen Innern! Das alles, wahrhaftig, bedeutet MENSCHWERDEN!

1 Verkündigung

Botschaft

■ **Er, der DAS WORT heißt, wurde ein Mensch und lebte unter uns** (Joh 1,14). **Da sagte Maria: »Ich will ganz für Gott dasein. Es soll so geschehen, wie du es gesagt hast«** (Lk 1,38).

Aus dem Evangelium nach Lukas 1,26–38

■ Als Elisabeth im sechsten Monat war, sandte Gott den Engel Gabriel nach Nazaret in Galiläa zu einem jungen Mädchen mit Namen Maria. Sie war noch unberührt und war verlobt mit einem Mann namens Josef, einem Nachkommen Davids. Der Engel kam zu ihr und sagte: »Sei gegrüßt, Maria, der Herr ist mit dir; er hat dich zu Großem ausersehen!« Maria erschrak über diesen Gruß und überlegte, was er bedeuten sollte. Da sagte der Engel zu ihr: »Hab keine Angst, du hast Gnade bei Gott gefunden! Du wirst schwanger werden und einen Sohn gebären. Dem sollst du den Namen Jesus geben. Er wird groß sein und wird ›Sohn des Höchsten‹ genannt werden. Gott, der Herr, wird ihn auf den Thron seines Vorfahren David erheben, und er wird für immer über die Nachkommen Jakobs regieren. Seine Herrschaft wird nie zu Ende gehen.«

Maria fragte den Engel: »Wie soll das zugehen? Ich bin doch mit keinem Mann zusammen!« Er antwortete: »Gottes Geist wird über dich kommen, seine Kraft wird das Wunder vollbringen. Deshalb wird auch das Kind, das du zur Welt bringst, heilig und Sohn Gottes genannt werden. Auch Elisabeth, deine Verwandte, bekommt einen Sohn – trotz ihres Alters. Sie ist bereits

im sechsten Monat, und es hieß doch von ihr, sie könne keine Kinder bekommen. Für Gott ist nichts unmöglich.«

Da sagte Maria: »Ich will ganz für Gott dasein. Es soll so geschehen, wie du es gesagt hast.« Darauf verließ sie der Engel.

Bild und Deutung

■ Der unendliche Gott tritt vermittels einer Frau in die KLEINE Welt ein. Ein mächtiger Stein am Wegrand stellt die Welt dar. Darüber spannt sich ein nach oben offenes Bogensegment aus einem naturfremden Material (Inoxschiene) = Gott. Zwischen diesem Teil eines Kreises und dem Stein (Gott – Welt) stellt das internationale Zeichen für Frau die Verbindung her. Die Frau ist Maria, das junge Mädchen aus Nazaret. Um deutlich genug zu werden, ist in den Kreis des Zeichens das Marienmonogramm eingearbeitet. Das TAL, aus dem sich das Marienmonogramm erhebt, ist voll von Wachstum und Blumen.

Besinnung

■ Wo der Mensch auf Gottes Absichten eingeht, kann Wunderbares geschehen. Darauf weist die blühende Umgebung des Marienzeichens.

Gott hat sich nicht der großen menschlichen GOTTESBURGEN bedient, wie des Tempels in Jerusalem, um mit der Welt in Verbindung zu treten, nicht einmal großer menschlicher Gestalten wie der Propheten, um den endgültigen Bund mit der Menschheit anzubahnen. Gott bediente sich vielmehr eines ganz einfachen Menschenkindes in einem verloren-verborgenen Ort irgendwo im Land, dargestellt durch die Niederung im Wellental zwischen den höckerartigen BERGGIPFELN des Kamelrückensteines.

Man mag unwillkürlich daran denken, wie die Menschen immer wieder Gott auf den Höhen gesucht haben. Berggipfel waren seit jeher bevorzugte Orte der Gottsuche. Und wo es keine Berge gab, wurden sie künstlich errichtet. Als Beispiel läßt sich der berühmte Turm von Babel anführen, oder andere sogenannte ZIKKURATE an verschiedenen Kultorten im Vorderen Orient bis hinunter nach Ägypten. Man mag auch an große alttestamentliche Gestalten wie Mose und Elija denken. Gott hob sie beinahe bis zu sich empor: Mose in der Begegnung auf dem Berg Sinai oder Elija durch die Himmelfahrt im Feuerwagen. Und doch ist durch diese Denkmäler der Gottesbegegnung nicht das geschehen, was Gott durch Maria für die ganze Menschheit gewirkt hat.

Noch eine andere symbolische Botschaft ist im Bild verborgen: Die niedrige Umfassungsmauer um den Besinnungsort folgt der Linie einer Halbellipse. Ebenso sind die Stützen, die halbellipsenförmig gestaltete Inoxschiene, das Zeichen für Gott. Diese Linien wurden bewußt gewählt, um auf die kosmische Bedeutung der Menschwerdung Gottes in Maria hinzuweisen.

Gebet

O Gott, dein Wesen ist Liebe.
Wir sind geschaffen nach deinem Bild.
Also ist Liebe unsere eigentliche Berufung.
Zur Liebe gehört aber die Freiheit.
Das ist unsere Chance
und zugleich unsere große Bürde.
Liebe ist Leben –
das Gegenteil von Liebe der Tod!
Wir neigen nach beiden Seiten.
Der Tod ist so attraktiv,
weil er sich tarnt in den Farben des Lebens.
Obwohl wir informiert genug wären,
fallen wir immer wieder darauf herein;
nicht unwissend, aber gern getäuscht.
Du setzt dagegen den Charme deiner Menschwerdung.
Berühre mich,
daß ich staune und dankbar anerkenne.
Werde Mensch auch in mir
und in Ungezählten,
damit wir uns öffnen für dich – wie Maria!

Lieder

GL 580 Ave Maria
GL 583 Ave Maria zart
LS 386 Frau aus dem Volke
LS 99 Dein Wille, o Herr
LS 34 Einfach zu hören

Mitgehsatz

JESUS, SOHN DES EWIGEN VATERS,
MENSCH GEWORDEN IN MARIA

2 Die Geburt

Botschaft

■ **Sie brachte einen Sohn zur Welt, wickelte ihn in Windeln und legte ihn in eine Futterkrippe im Stall. Eine andere Unterkunft hatten sie nicht gefunden** (Lk 2,7).

Aus dem Evangelium nach Lukas 2,1–20

■ Zu jener Zeit ordnete Kaiser Augustus an, daß alle Bewohner des römischen Reiches in Steuerlisten erfaßt werden sollten. Es war das erste Mal, daß so etwas geschah. Damals war Quirinius Statthalter der Provinz Syrien. So zog jeder in die Heimat seiner Vorfahren, um sich dort eintragen zu lassen. Auch Josef machte sich auf den Weg. Von Nazaret in Galiläa ging er nach Betlehem, das in Judäa liegt. Das ist der Ort, aus dem König David stammte. Er mußte dorthin, weil er ein Nachkomme Davids war. Maria, seine Verlobte, ging mit ihm. Sie erwartete ein Kind. Während des Aufenthalts in Betlehem kam für sie die Zeit der Entbindung. Sie brachte einen Sohn zur Welt, ihren Erstgeborenen, wickelte ihn in Windeln und legte ihn in eine Futterkrippe im Stall. Eine andere Unterkunft hatten sie nicht gefunden.

In der Gegend dort hielten sich Hirten auf. Sie waren in der Nacht auf dem Feld und bewachten ihre Herde. Da kam ein Engel des Herrn zu ihnen, und die Herrlichkeit des Herrn umstrahlte sie. Sie fürchteten sich sehr; aber der Engel sagte: »Habt keine Angst! Ich bringe euch eine gute Nachricht, über die sich ganz Israel freuen wird. Heute wurde in der Stadt Davids der Retter geboren – Christus, der Herr! Geht und seht selbst: Er liegt in Windeln gewickelt in einer Futterkrippe – daran könnt ihr ihn erkennen!«

Plötzlich stand neben dem Engel eine große Schar anderer Engel, die priesen Gott und riefen:

»Alle Ehre gehört Gott im Himmel! Sein Friede kommt auf die Erde zu den Menschen, weil er sie liebt.«

Als die Engel in den Himmel zurückgekehrt waren, sagten die Hirten zueinander: »Kommt, wir gehen nach Betlehem und sehen uns an, was da geschehen ist und was Gott uns bekanntgemacht hat!«

Sie brachen sofort auf und gingen hin und fanden Maria und Josef und das Kind in der Futterkrippe. Als sie es sahen, berichteten sie, was ihnen der Engel von dem Kind gesagt hatte. Alle, die dabei waren, staunten über das, was ihnen die Hirten erzählten. Maria aber bewahrte all das in ihrem Herzen und dachte immer wieder darüber nach. Die Hirten gingen zu ihren Herden zurück, priesen Gott und dankten ihm für das, was sie gehört

und gesehen hatten. Es war alles so gewesen, wie der Engel es ihnen gesagt hatte.

Erstes Bild und Deutung

■ Nach dem Evangelisten Lukas wurde Jesus in einem Stall in Betlehem geboren. Wir können mit Recht annehmen, daß eine der Felsgrotten im Umfeld der Stadt Davids dieser Stall war. Darauf nimmt der stilisierte Bau auf dem Besinnungspunkt Bezug. Weitergeführt wird die Darstellung mit dem ältesten Weihnachtsbild, das die Bibel kennt, nämlich der Weissagung des Propheten Jesaja (um 700 v. Chr.): »Aus dem (abgestorbenen) Baumstumpf Isais wächst ein neuer Trieb hervor ...«, ein Zeichen für die Nationen (Jes 11,1 und 11,10).

Besinnung

■ Gott kennt den Begriff Hoffnungslosigkeit nicht. Was für die Menschen endgültig Ende bedeutet, macht Gott zu einem neuen Anfang. So war es auch mit dem Königtum der davidischen Dynastie. Mit der Babylonischen Gefangenschaft verlor das HAUS UND GESCHLECHT DAVIDS endgültig die Krone. Es gab dann auch keine wirkliche Chance mehr für eine politische Rückkehr, obwohl die Familie als solche weiterbestand. Umständlich und feierlich führt Matthäus die Abstammung von Jesus, dem Messias, über Josef, dem Mann Marias, auf David und Abraham zurück (Mt 1,1–16). Das Königtum einer ganz anderen Qualität kommt aus der menschlich erledigten Königsdynastie hervor: Der BAUMSTUMPF ISAIS bringt einen neuen Trieb hervor!

Die stilisierte Dornenkrone im Grotteninnern illustriert deutlich genug, in welche Welt der neue König hineingeboren wurde. Die Menschwerdung Gottes in Jesus ist ja nicht so sehr ein punktuelles Ereignis der Geschichte, sondern ein Geschehen von überzeitlichem Charakter. Gott *geht mit dieser Welt um*, und zwar nicht nur in einem bestimmten Augenblick ihrer Geschichte, er befaßt sich mit den Menschen durch ihre ganze Geschichte hindurch.

Die Spitze eines jeden Kronendorns verweist auf eine tiefe Wunde am Lebensbaum der Menschheit – von den Urzeiten bis zum heutigen Tag. Es handelt sich jeweils um ein vom Menschen selber verursachtes Leid. Kann der Zusammenhang deutlicher gemacht werden, weshalb Gott einen ERLÖSER schicken wollte?

Der Titel KRONE DER SCHÖPFUNG, den man dem Menschen immer wieder zuweist, bekommt einen zynischen Beigeschmack.

Man gehe einmal den düsteren Dornenweg entlang:

- Die Welt im Jahre Null – also um Christi Geburt
- (unvollständige) Kriegsstatistik neuester Zeit
- das furchtbare Phänomen sexueller Ausbeutung von Kindern
- die Realität des Hungertodes von Tausenden Kindern täglich
- die sich immer noch vergrößernde Kluft zwischen Arm und Reich
- der brutale Umgang von Machthabern mit Machtlosen
- die ungezählten Scheidungswaisen, besonders in Wohlstandsländern
- der KRIEG gegen die Allerschwächsten mit unzähligen Opfern
- die jüngste Geißel der Menschheit, Aids, besonders in Armutsländern
- der unaufhaltsame Tod der Natur …

Anmerkung: Es erschien sinnvoll, das *Bild* hier nicht bloß mit allgemeinen Titeln zu gestalten, sondern für den, der länger verweilen kann und will, auch dokumentarische Details einzufügen.

Es fehlt die gewohnte Weihnachtsidylle. Wir müssen uns jedoch die Frage stellen, ob die Niedlichkeit unserer vertrauten alpenländischen Weihnachtskrippen die wirkliche Weihnachtsbotschaft nicht mehr verdecken als verkünden? Was im Gesamtbild des Besinnungspunktes auffällt, sind gewiß Trümmer, unübersehbare Anzeichen von Leid und Tod. Ragt aber nicht mittendrin der tote Baumstrunk mit dem hervorgebrochenen neuen Lebenstrieb empor, oder hat Jesus in seinem späteren Leben etwa gesagt, »ich bin gekommen, eure sentimentalen Bedürfnisse zu befriedigen«, und nicht vielmehr, zu suchen und zu retten, was verloren ist?

So ist die Gestalt des Besinnungspunktes gerade auf dem dunklen Hintergrund des Leidvollen ein um so leuchtenderes Zeichen von Hoffnung und optimistischer Lebensauffassung. Es möge viele Besucher selber stärken und ermutigen!

Lied

1. Es ist ein Ros' entsprungen aus einer Wurzel zart,
wie uns die Alten sungen, von Jesse kam die Art,
und hat ein Blümlein bracht
mitten im kalten Winter wohl zu der halben Nacht.

2. Das Röslein, das ich meine, davon Jesaja sagt,
ist Maria, die Reine, die uns das Blümlein bracht.
Aus Gottes ewgem Rat
hat sie ein Kind geboren und blieb doch reine Magd.

3. Das Blümelein so kleine, das duftet uns so süß;
mit seinem hellen Scheine vertreibt's die Finsternis,
wahr' Mensch und wahrer Gott,
hilft uns aus allem Leide, rettet von Sünd' und Tod.

Gotteslob 132

Zweites Bild und Deutung

■ Die Friedensbotschaft, die unzertrennlich mit der Geburt Christi verbunden ist, »... und auf Erden ist Friede bei den Menschen seiner Gnade« (Lk 2,14), findet ihren bildhaften Ausdruck im Platz vor der Grotte: Der Kreis stellt die Erde dar, in sie hinein wirkt Gottes erlösende und friedenstiftende Menschwerdung. Die dem Kreis anliegenden Nischen haben eine Doppelbedeutung: Zum einen stellen sie die fünf Erdteile dar. Die Menschen aller Völker, Rassen und Nationen müssen zusammenschauen, damit EINE Welt entstehen kann, nicht aufgeteilt in Erste, Zweite und Dritte Welt. Zum andern verweisen die Nischen auf die Weltreligionen. Die Wissenschaft nennt heute deren sieben:

- ✦ 1. Stammesreligionen
- ✦ 2. Hinduismus
- ✦ 3. Chinesische Religion
- ✦ 4. Buddhismus
- ✦ 5. Judentum
- ✦ 6. Christentum und
- ✦ 7. Islam.

Auf dem Besinnungspunkt wird die Geburtsgrotte dem Judentum und dem Christentum zugeordnet, und die fünf Erdteilnischen verteilen sich auf die übrigen Religionsströme. Was für das ZUSAMMENSCHAUEN der Menschen aller Erdteile gilt, muß um so mehr von den Religionen erwartet werden.

Anmerkung: Die Ausgestaltung dieses Besinnungspunktes wird noch lange weitergehen, besonders was die gärtnerische Seite betrifft. Der kleine Wiesenpark möge aber jetzt schon ein gastlicher Ruheort für Mütter mit ihren Kleinkindern sein.

Gebet

Erfülle mich, Herr, mit deinem Geist,
dem Geist der Weisheit und der Einsicht.
Laß mich klar genug erkennen, was ich tun kann,
damit Zweifel nicht wieder meine Passivität rechtfertigen.

Wenn ich auch um *Furcht* bitte,
dann nur um jene vor dem Verlust meiner Liebe.
Wenn ich hierin auch alles zu fürchten habe,
weiß ich doch, daß ich mich flüchten kann
in die Geborgenheit deiner Freundschaft,
aus der immer wieder ein neuer Fruchtzweig
deines Wirkens erwächst.

Lieder

LS 6b Geht, ruft es von den Bergen
LS 129 Stern über Betlehem
LS 263 Ich singe vom Frieden … und andere Friedenslieder

Mitgehsatz

JESUS, ARM HINEINGEBOREN
IN EINE NOTVOLLE UND BEDRÄNGTE WELT

3 Darstellung Jesu im Tempel

Botschaft

■ **… ich habe mit eigenen Augen gesehen, daß du dein rettendes Werk vor aller Welt begonnen hast. Du zeigst allen Völkern dein Licht** (Lk 2,30–32).

Aus dem Evangelium nach Lukas 2,22–35

■ Vierzig Tage nach der Geburt war die Zeit der Unreinheit für Mutter und Kind vorüber, die im Gesetz festgelegt ist. Da brachten die Eltern das Kind in den Tempel nach Jerusalem, um es Gott zu weihen. Denn im Gesetz des Herrn heißt es: »Wenn das erste Kind, das eine Frau zur Welt bringt, ein Sohn ist, soll es Gott gehören.« Zugleich brachten sie das Reinigungsopfer, wie es im Gesetz des Herrn vorgeschrieben ist: ein Paar Turteltauben oder zwei junge Tauben.

Damals lebte in Jerusalem ein Mann namens Simeon. Er war fromm, hielt sich treu an Gottes Gesetz und wartete auf die Rettung Israels. Er war vom Geist Gottes erfüllt, und der hatte ihm die Gewißheit gegeben, er werde nicht sterben, bevor er den von Gott versprochenen Retter mit eigenen Augen gesehen habe.

Simeon folgte einer Eingebung des Heiligen Geistes und ging in den Tempel. Als die Eltern das Kind Jesus dorthin brachten und es Gott weihen wollten, wie es nach dem Gesetz üblich war, nahm Simeon das Kind auf die Arme, pries Gott und sagte:

Darstellung im Tempel
Worte Simeons:
"Nun kann ich in Frieden sterben. Denn ich habe mit eigenen Augen gesehen, daß du dein rettendes Werk vor aller Welt begonnen hast. Du zeigst allen Völkern dein Licht."
(Lk 2,30–32)
Jesus, als Licht der Menschen Hoffnung für die Welt.
3

»Herr, nun kann ich in Frieden sterben,
denn du hast dein Versprechen eingelöst!
Mit eigenen Augen habe ich es gesehen:
Du hast dein rettendes Werk begonnen,
und alle Welt wird es erfahren.
Allen Völkern sendest du das Licht,
und dein Volk Israel bringst du zu Ehren.«

Der Vater von Jesus und seine Mutter wunderten sich über das, was Simeon von dem Kind sagte. Simeon segnete sie und sagte zur Mutter Maria: »Dieses Kind ist von Gott dazu bestimmt, viele in Israel zu Fall zu bringen und viele aufzurichten. Es wird ein Zeichen Gottes sein, gegen das sich viele auflehnen werden, damit so ihre innersten Gedanken an den Tag kommen. Dich aber wird dein Kummer um dein Kind wie ein scharfes Schwert durchbohren.«

Bild und Deutung

■ Zur Zeit Jesu stand in Jerusalem der herodianische Tempel, ein Weltwunder an Größe und Pracht. Ein großes Treppenrondell verband den sogenannten Frauenvorhof mit dem Israelitenvorhof über das Nikanortor, auch Bronzetor genannt. Frauen durften den Israelitenvorhof nicht mehr betreten. Dementsprechend war sicher dies die Stelle, wo die Begegnung stattfand zwischen der Josef-Familie aus Nazaret und dem greisen Simeon, der Jesus als erster mit dem Titel Licht der Welt in Verbindung gebracht hat.

Der überhöhte Geländerücken des Besinnungspunktes läßt Licht empfinden, die Gestaltung (Treppenrondell) erinnert an den Begegnungsort im Tempel.

Besinnung

■ Nicht so sehr die Begebenheit der kultisch vorgeschriebenen REINIGUNG bzw. der ebenso gebotenen DARSTELLUNG steht bei diesem Besinnungspunkt im Vordergrund als der Titel, den der alte Simeon dem Kind gegeben hat: Durch dieses Kind zeigt Gott allen Völkern das Licht. Über zwanzigmal wird dann vor allem der Evangelist Johannes diesen Jesus das Licht nennen, oder ihn damit in Verbindung bringen. Das Gegensatzpaar wird immer wieder genannt: Licht–Finsternis. Das Böse, die Finsternis, wird gern mit WELT identifiziert; das Gute, Rettende, Heilende, das Licht, mit Gott.

Gebet

Der große Dichter Goethe
soll mit den Worten auf den Lippen »Mehr Licht!«
gestorben sein.
Immer schon suchte der Mensch das Licht,
sei es, sich selbst und die Welt besser zu verstehen,
sei es, Erkenntnis zu gewinnen,
wie das Dunkel überwunden werden könnte,
das Dunkel der Unwissenheit
und überhaupt aller menschlichen Begrenzung
einschließlich Leiden und Tod.
Religionsgründer und Philosophen,
Dichter und Künstler,
Sozialrevolutionäre und Wissenschaftler –
eine endlose Zahl,
sie alle gaben vor, Licht zu bringen.
Doch immer noch – welche Finsternis!
Die Welt ist bedrängt und notvoll geblieben.
Da dringt die Kunde von einem Kind zu uns:
Es bringt keine Doktrin, keine neue Formel,
es ist selbst – Licht!
Es verbindet Gott mit den Menschen,
den Himmel mit der Erde
und sagt und zeigt und lebt:
»Gott ist Liebe. Wer in der Liebe lebt,
der lebt in Gott, und Gott lebt in ihm« (1 Joh 4,16).

Ja, du Kind von Betlehem,
vom geistbegabten alten Mann
zuerst der Welt als Licht vorgestellt.
Ein vollendetes Paradies in diesen irdischen Grenzen
hast du weder gebracht noch verheißen.
Doch du nimmst uns an die Hand,
daß wir mit dir und in deiner Liebe
dieser ganzen Welt eine große Hoffnung geben.

Lieder

GL 129	Licht, das uns erschien	LS 71	Du bist das Licht der Welt
		LS 308	Du bist unser König

Mitgehsatz

JESUS, ALS LICHT DER MENSCHEN
HOFFNUNG FÜR DIE WELT

4 Taufe im Jordan

Botschaft

■ **Um diese Zeit kam Jesus aus Nazaret in Galiläa und ließ sich von Johannes im Jordan taufen** (Mk 1,9). **Als Johannes sah, daß Jesus auf ihn zukam, sagte er: Dieser ist das Opferlamm Gottes, das die Schuld der ganzen Welt wegnimmt** (Joh 1,29).

Aus dem Evangelium nach Markus 1,9–11

■ Um diese Zeit kam Jesus aus Nazaret in Galiläa und ließ sich von Johannes im Jordan taufen. Als er aus dem Wasser stieg, sah er, wie der Himmel aufriß und der Geist Gottes wie eine Taube auf ihn herabkam. Zugleich hörte er eine Stimme vom Himmel her sagen: »Du bist mein Sohn, dir gilt meine Liebe, dich habe ich erwählt.«

Johannes 1,29–32: Als Johannes (der Täufer) am nächsten Tag sah, daß Jesus auf ihn zukam, sagte er: »Dieser ist das Opferlamm Gottes, das die Schuld der ganzen Welt wegnimmt. Ihn meinte ich, als ich sagte: Nach mir kommt einer, der über mir steht; denn bevor ich geboren wurde, war er schon da. Aber als ich das sagte, wußte ich noch nicht, daß er es ist. Ich begann mit Wasser zu taufen, damit er in Israel bekannt würde.«

Johannes machte auch folgende Aussage: »Ich sah den Geist Gottes wie eine Taube vom Himmel kommen und bei ihm bleiben.«

Bild und Deutung

■ Wir stehen am Kellerbach. Über das furtmäßig verbreiterte Bachbett führt ein solider Holzsteg. Bergseitig ragt ein Baumstamm aus dem Wasser oder aus dem (trockenen) Bachbett, auf dessen oberem Ende mit zwei seitlich abstehenden zurückgeschnittenen Ästen ein gitterförmiger Globus befestigt ist. Man erkennt: Der Baum mit den Ästen stellt Jesus dar, die Kugel die Welt. Diese ist wirr und schmerzlich mit Stacheldraht umwunden, so daß sich leicht erkennen läßt: *Das Lamm Gottes, das die Schuld der Welt* auf sich genommen hat.

Die Menschen, die sich von Johannes taufen ließen, gestanden damit öffentlich ihre Sündhaftigkeit, ihre Schuld ein. Es war die sogenannte Bußtaufe. Durch den Taufvorgang kam zum Ausdruck, daß der Täufling um Abwaschung der Schuld bat und Gott durch seinen Boten die Reinigung auch vollzog. Wenn sich Jesus ausdrücklich diesem Ritus unterzog – gegen den Protest des Täufers –, dann bekannte er sich dadurch öffentlich als schuldig und erklärte damit eine radikale Solidarität mit dem in Schuld verstrickten Menschen. Andererseits aber weiß das ganze Neue Testament nichts von einer persönlichen Schuld von Jesus. Der

Vers 29 des ersten Kapitels im Johannesevangelium bringt die Erklärung: Johannes der Täufer nennt Jesus das OPFERLAMM GOTTES.

Was bedeutete im damaligen Sprachgebrauch aber der Titel OPFERLAMM?

Durch die eigenen Sünden und Vergehen hat der Mensch sein Leben vor der Gottheit verwirkt. Um sich mit ihr wieder auszusöhnen, gibt er ihr das Leben zurück. Weil er das aber nicht kann, nimmt ein für den Lebensunterhalt wichtiges Tier seine Stelle ein. Das Opfertier wird sozusagen mit der Schuld des Menschen beladen, geschlachtet und verbrannt und damit stellvertretend für den Menschen ganz und gar Gott übereignet. So bezeugt das Brandopfer den stärksten Ausdruck der sühnenden Selbsthingabe des Menschen an Gott.

Jesus macht sich nun selber zum Opfertier, zum Opferlamm, bis zur realen Konsequenz seines Todes. Im Grund die schockierendste Aussage darüber, welches Interesse der allmächtige Schöpfer-Gott am Menschen zeigt.

Zu beachten dabei ist aber, daß eine solche Opferdeutung ein ganz naturhaftes Gottesbild zur Voraussetzung hat, das heißt, man projizierte die eigenen menschlichen Empfindungen auf die Gottheit: Durch die Sünde des Menschen wird Gott beleidigt. Er verlangt Genugtuung, und eine solche kann nur mit der höchsten, wertvollsten Gabe geschehen, dem menschlichen Leben. Die Geschichte kennt bei vielen Völkern und in vielen Kulturen Menschenopfer.

Sowohl bereits in der Offenbarung des Alten Testaments, wie dann besonders durch Jesus dringt aber immer deutlicher ein ganz neues Gottesbild durch. Die menschlich-allzumenschlichen Züge fallen ab. Gott ist nicht der Beleidigte, der zurückschlägt und straft. Die böse Tat, die Sünde, trägt von ihrem Wesen her die Strafe in sich. Da braucht es keinen Gott, der beleidigt sein und ein Interesse an Schmerz und Erniedrigung seines Geschöpfes haben müßte. Ganz im Gegenteil! Der Gott Jesu hat ausschließlich ein Interesse am Heil des Menschen, auch – und besonders! – am Heil des gefallenen, des sündigen Menschen. Das Heil wird aber allein in der Liebe verwirklicht.

Nun ist Liebe ihrerseits aber von ihrem Wesen her das Ergebnis der freien Tat. Selbst der allmächtige Schöpfer respektiert diese Logik und legt keineswegs sein Geschöpf durch ein Allmachtswort fest, sondern tritt ihm werbend, motivierend gegenüber.

Nur das kann der Hintergrund der Stellvertretung Jesu in der sogenannten Bußtaufe durch Johannes sein. Auch die Stimme, die laut Synoptiker aus dem Himmel sprach (»Du bist mein geliebter Sohn, an dir habe ich Gefallen gefunden«), bestätigt diese ausschließliche LINIE DER LIEBE, die dann auch vor der letzten blutigen Konsequenz nicht zurückschreckt. (Siehe dazu Besinnungspunkt ⓬ und ⓭.)

Der große Text dafür findet sich in Joh 3,16–21. Auch bei Paulus findet sich der Hinweis: »Gott hat den, der keine Sünde kannte, für uns zur Sünde gemacht, damit wir in ihm Gerechtigkeit Gottes würden« (2 Kor 5,21). Noch schöner liest sich die gleiche Stelle in der »Gute Nachricht«-Übersetzung: »Gott hat Christus, der ohne Sünde war, an unserer Stelle als Sünder verurteilt, damit wir um Christi willen freigesprochen werden.«

Gebet

Herr, die in Sünde und Schuld verwickelte
und zerrissene Welt
hast du auf deine Schultern geladen.
Du hast damit alle geheiligt,
die sich in ihrem Leiden –
äußerliches oder … und innerliches –
zu dir flüchten,
oder jene,
die durch Gebet und Opfer die Last mit dir teilen
und den Weg mit dir gehen.
Geheiligt durch dich sind auch jene,
die sich selbstlos in den Dienst der Ärmsten
oder auch nur der wehrlosen Natur stellen.
Diese alle sind der wahre Reichtum unserer Erde,
weil sie in die Räume der Liebe eingetreten sind,
wo du selber wohnst.

Lied

Melodie LS 13–14

O Herr, wir kommen alle zu dir, in dir sind wir geborgen.
O Herr, wir kommen alle zu dir, denn wir sind dein Eigentum.

1. Als Sündenschuld den Tod gebracht, Herr, unser Gott,
kamst du, o Herr, in unsre Nacht. – Herr, unser Gott.

2. Du tratst in diese Welt herein, Herr, unser Gott,
und wolltest unser Bruder sein. – Herr, unser Gott!

3. Du machtest dich den Menschen gleich, Herr, unser Gott,
und brachtest uns dein Himmelreich. – Herr, unser Gott.

4. Froh ward uns diese Botschaft kund, Herr, unser Gott,
wir sind dein Volk im Neuen Bund. – Herr, unser Gott.

5. Wir sind getauft auf Christi Tod, Herr, unser Gott,
und sind geeint in deinem Brot. – Herr, unser Gott!

6. Drum danken wir, Herr Jesus Christ, Herr, unser Gott,
weil du in unsrer Mitte bist. – Herr, unser Gott!

Mitgehsatz

JESUS, DER AUF SICH NAHM
DIE GANZE SCHULD DER WELT

5 Versuchung in der Wüste

Botschaft

■ **Der Text dieses Besinnungspunktes ist in vier Abschnitte aufgeteilt und auf der Strecke gleich nach dem Besinnungspunkt ④ auf drei Inschrifttafeln und Schriftstock auf dem Aussichtshügel verteilt.**

Aus dem Evangelium nach Matthäus 4,1–11

■ Danach führte der Geist Gottes Jesus in die Wüste, wo er vom Teufel auf die Probe gestellt werden sollte. Nachdem er vierzig Tage und Nächte nichts gegessen hatte, war er sehr hungrig. Da trat der Versucher an ihn heran und sagte: »Wenn du Gottes Sohn bist, dann befiehl doch, daß die Steine hier zu Brot werden.« Jesus antwortete: »In den heiligen Schriften steht: Nicht nur von Brot lebt der Mensch, sondern von jedem Wort, das aus Gottes Mund kommt.«

Darauf führte der Teufel ihn in die heilige Stadt Jerusalem, stellte ihn auf die Zinne des Tempels und sagte: »Wenn du wirklich Gottes Sohn bist, dann spring doch hinunter; denn in den heiligen Schriften steht: Gott wird seinen Engeln befehlen, dich auf Händen zu tragen, damit du dich an keinem Stein stößt.« Jesus antwortete: »Aber in den heiligen Schriften heißt es auch: Du sollst den Herrn, deinen Gott, nicht herausfordern.«

Zuletzt führte der Teufel Jesus auf einen sehr hohen Berg, zeigte ihm alle Reiche der Welt in ihrer Größe und Schönheit und sagte: »Dies alles will ich dir geben, wenn du dich vor mir niederwirfst und mich anbetest.« Aber Jesus antwortete: »Weg mit dir, Satan! In den heiligen Schriften heißt es: Vor dem Herrn, deinem Gott, wirf dich nieder, ihn sollst du anbeten und niemand sonst.«

Da ließ der Teufel von Jesus ab, und Engel kamen und versorgten ihn.

Bald nach Verlassen des Besinnungspunktes ⑭ auf einer Schrifttafel die Botschaft 1

Botschaft 1

■ **Danach führte der Geist Gottes Jesus in die Wüste. Dort sollte er vom Teufel auf die Probe gestellt werden** (Mt 4,1).

Besinnung

■ Es ist eine geistliche Erfahrung der Völker seit Urzeiten: In der Üppigkeit des Wohllebens verkümmert der Geist. Von daher die vielen Nachrichten über Menschen, die so folgenschwere Entscheidungen zu treffen hatten oder vor einem so wichtigen Lebensabschnitt standen, daß sie sich vorher für kürzere oder längere Zeit in die Wüste – materiell oder bildhaft – zurückgezogen haben. Demselben Ziel dienen auch heute die sogenannten geistlichen Exerzitien oder auch die Initiationsriten vieler Urvölker von Australien bis Alaska bis hin zum Brauch in gut geführten Pfadfinderstämmen, sich auf wichtige Entscheidungen (Versprechen) durch einen WÜSTENTAG vorzubereiten. Die eindrucksvollsten Beispiele bringt die Bibel selber: Moses, Elias, Jesus …

Das ist der freiwillig aufgesuchte Weg in die Wüste.

Wer kennt aber nicht auch die andern, die schicksalhaft auferlegten WÜSTENSTRECKEN, oft unter härtesten Bedingungen von Krankheit, Mißerfolg, Zusammenbrüchen mit unerträglichen Folgen, seelischen Krisen bis zum Verzweifeln: WÜSTEN oft ohne erkennbaren Ausweg! Welcher Art die Wüste auch immer sein mag, durch die das Leben uns führt, es tut gut, sich in der Gesellschaft Jesu zu wissen. Und vielleicht können wir selbst Jesus dann und wann unsere Stimme, unsere Füße, unsere tröstenden Hände und unser aufmunterndes Gesicht leihen, wenn sich andere gerade auf einem schmerzlichen Wüstenabschnitt befinden.

Mitgehsatz

JESUS, DER UNS VORAUSGING
AUF DEM WEG DURCH DIE WÜSTE

Als Gebet könnte man einfach den Mitgehsatz umformen (»Jesus, du gehst mir (uns) voraus auf dem Weg durch die Wüste …«) und immer wieder leise vor sich hersagen.

Der Weg führt nun ziemlich steil den Hang hinauf, den er in drei Doppelkehren bewältigt. Zunächst geht es an Steinhalden vorbei. Es beginnt der Weg der Versuchungen.

Besinnung

■ Jesus ist Mensch. Zum Menschsein gehört auch das Versuchtwerden. Man kann in den drei im folgenden dargestellten Situationen die elementaren Grundmuster erkennen, die für den Abfall des Menschen typisch sind:

✦ 1. Sich jedem möglichen Konsum voll und ganz überlassen (Konsumrausch). Jesus hatte die Möglichkeit bzw. konnte sie durch seine göttliche Macht uneingeschränkt bieten, um Parteigänger zu gewinnen.

Botschaft 2

■ **Der Teufel spricht Jesus an: »Wenn du Gottes Sohn bist, dann befiehl doch, daß diese Steine zu Brot werden«** (Mt 4,3).

Jesus weist die Versuchung zurück mit dem berühmten Ausspruch »Der Mensch lebt nicht nur vom Brot allein.«

Es fällt auf, wie vollkommen die Botschaft mit der Örtlichkeit übereinstimmt: Das ganze Feld ist übersät mit Steinen aller Größen und Formen, der Weg muß einem mächtigen Felsen ausweichen. Beim Wort genommen, hätte sich Jesus buchstäblich in ein Brothaus hineinverwandeln können.

Jesus fehlte es bestimmt nicht an Appetit auf gutes, duftendes Brot, »... vierzig Tage und Nächte nichts gegessen ...« (Mt 4,2). Darin steckt die Aktualität der Szene: Gerade wir Wohlstandsbürger können uns (beinahe) jeden Wunsch schnell und ausgiebig erfüllen, von der Bestellung des besten Essens bis zu Weltreisen oder Urlaub in exotischen Ländern. – Ich denke, die Strecke bis zur nächsten VERSUCHUNG reicht nicht, um mit den Gedanken umzugehen, die sich daraus für einen jeden von uns ergeben.

Mitgehsatz

JESUS IN DER VERSUCHUNG
DES SCHNELLEN GENUSSES

Der Fußweg führt ganz nahe an eine Felskanzel über einem drohenden Abgrund heran.

Botschaft 3

■ **»Wenn du wirklich Gottes Sohn bist,
dann spring doch hinunter;
denn in den heiligen Schriften steht:
Gott wird seinen Engeln befehlen,
dich auf Händen zu tragen ...«** (Mt 4,5–7).

Besinnung

■ Gewiß hatte der Versucher hintergründigere Absichten, als Jesus bloß zu einem bequemen Talgang zu verleiten.

✦ 2. In dem *Sich-von-der-Zinne-des-Tempels-Stürzen* kann ohne weiteres die SENSATION gemeint gewesen sein, die überwältigende SHOW, wodurch die Menschenmassen leicht auf seine Seite zu bringen gewesen wären.

Unwillkürlich muß man an die historisch belegte Methode denken, mit der sich die römischen Machthaber die Gunst des Stimmviehes, also des städtischen Proletariats von Rom, sicherten: Panem et circenses! = Brot und Spiele! Diese Strategie bewährte sich als Machterhaltungsinstrument bis auf den heutigen Tag für alle Diktatoren – über Hitler bis Milosevic. Aber auf diese Weise gibt es keine echte Befreiung der Menschen! Die Geschichte ist voll von Beispielen. Wirkliche Erlösung brachten sie nie!

Mitgehsatz

JESUS IM WIDERSTAND
GEGEN DIE VERFÜHRUNG DER MENSCHEN

Auf dem höchsten Punkt angelangt, steht auf dem eigentlichen Stationszeichen, der Schriftsäule, die letzte Botschaft des Besinnungspunktes VERSUCHUNGEN IN DER WÜSTE.

Botschaft 4

■ **»Dies alles will ich dir geben,**
wenn du dich vor mir niederwirfst
und mich anbetest« (Mt 4,9).

Besinnung

■ 3. Mit dem »Dies alles will ich dir geben ...« wird der letztlich teuflische Charakter der absoluten Macht entlarvt: »... wenn du niederfällst und mich anbetest ...« – Wer dieser MICH ist, wissen wir: Die Macht des Negativen, die Gestalt der Verneinung, der Haß, das Leid, der Tod! Die Antwort Jesu ist dementsprechend klar und eindeutig:

»Du sollst den Herrn, deinen Gott,
allein anbeten und ihm dienen!«

Wenn wir für GOTT den Namen Liebe einsetzen, wie ihn Johannes ausdrücklich gebraucht (1 Joh 4,16), dann dürfte es nicht schwerfallen, der Weisung zu folgen, nämlich Gott allein *anzubeten*. Der Begriff ANBETEN bedeutet ja, jemanden als das höchste Wesen verehren bzw. etwas als absolut höchsten Wert für sich anerkennen. Wer Gott anbetet, weist dementsprechend der

Liebe allein den höchsten, den absoluten Wert zu. Diese von Jesus geforderte ANBETUNG wäre wahrhaftig die letzte, endgültige ÖKUMENE der Menschheit! Wenn sich doch zumindest alle Religionen der Welt darauf besinnen könnten und daraufhin einen Weg zueinander fänden; nicht zu reden von allen Bekenntnissen, die ihr Dasein auf Christus zurückführen. (Siehe auch Besinnungspunkt ❷!)

Der Weg bis zum nächsten Besinnungspunkt führt angenehm abwärts. Die Gedanken können ohne Anstrengung beim Franziskanischen Friedensgebet verweilen.

Franziskanisches Friedensgebet

Herr, mach mich zum Werkzeug deines Friedens,
daß ich liebe, wo man haßt,
daß ich verzeihe, wo man beleidigt,
daß ich verbinde, wo Streit ist,
daß ich die Wahrheit sage, wo Irrtum ist,
daß ich Glauben bringe, wo Zweifel droht,
daß ich Hoffnung wecke, wo Verzweiflung quält,
daß ich Licht entzünde, wo Finsternis regiert,
daß ich Freude bringe, wo der Kummer wohnt.

Herr, laß mich trachten,
nicht, daß ich getröstet werde, sondern, daß ich tröste,
nicht, daß ich verstanden werde, sondern, daß ich verstehe,
nicht, daß ich geliebt werde, sondern, daß ich liebe.

Denn, wer sich hingibt, der empfängt,
wer sich selbst vergißt, der findet,
wer verzeiht, dem wird verziehen,
und wer stirbt, der erwacht zum ewigen Leben.

Lieder

LS 268	Es geht ohne Gott
LS 63	Friedenslieder wie »We shall overcome«
LS 177	Ein jeder braucht sein Brot
LS 277	Unfriede herrscht auf der Erde
LS 301	Herr, mache mich zum Werkzeug
LS 353	Schalom, Schalom ... um nur einige zu nennen.

Mitgehsatz

JESUS, DER DIE TÖDLICHE MACHT
DIESER WELT WENDET
IN ANBETUNG SEINES VATERS

Abschnitt II
Besinnungspunkte ⑥ bis ⑩

Gute Nachricht

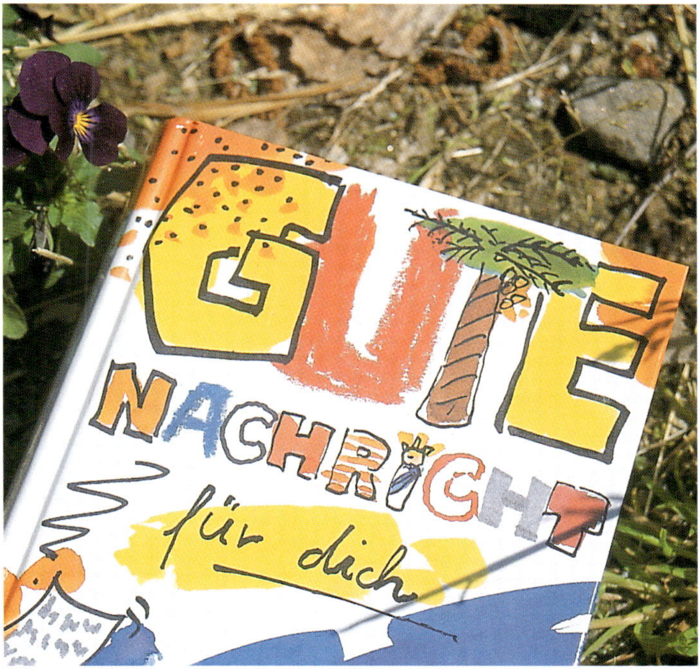

■ Vom SEHR HOHEN BERG der Versuchung und der Ausgesetztheit führt der Weg Richtung Westen talwärts zum Kellerbach. Zunächst in recht angenehmem Gefälle, das sich bald steigert und geradewegs auf das eigenartige Gebilde des Besinnungspunktes ❻ zufällt. Nach einem letzten stufenbesetzten Steilstück tritt er in einen ausgesprochen ruhigen Abschnitt. Sanft den Kellerbach entlang ansteigend, verbleibt er meist unter einem dichten Geäst von Fichten, Föhren und Lärchen. Der Blick richtet sich von selbst nach innen, die optisch und akustisch LAUTE WELT fällt ab; für den anstehenden Abschnitt wie geschaffen. Die Gestalt Jesu selbst und seine Botschaft können ungestört vor das geistige Auge und Ohr des Begehers treten. Wohl dem, der jetzt nicht in Eile ist und einfach verweilen kann.

Verweilen in der Waldmulde der Bergpredigt, bei der Begegnung mit dem Vater und seinem VERLORENEN SOHN, am lichten Ort, wo die Kleinsten ihren Freund umringen, im Haus, wo die schlimmere innere Krankheit zuerst geheilt wird, um schließlich die Tischgemeinschaft mit Jesus und seinen Freunden als einen berührenden Höhepunkt zu erleben.

Das ist wahrhaftig GUTE NACHRICHT, wenngleich von der Fülle der Jesus-Botschaft nur ein kleiner Ausschnitt in den Besinnungsweg eingefügt werden konnte. Es sollte aber auf jeden Fall reichen, dem Begeher das Gefühl zu geben, Wesentlichem von der GESCHICHTE GOTTES MIT DEN MENSCHEN auf dem Weg begegnet zu sein.

6 Sendung und Auftrag

Botschaft

■ **Der Herr hat mich erwählt, den Armen die gute Nachricht zu bringen, den Gefangenen und Unterdrückten die Freiheit, den Blinden das Augenlicht, und das Jahr anzusagen, in dem Gott sein Volk retten will** (Lk 4,18–19).

Aus dem Evangelium nach Lukas 4,16–30

■ So kam Jesus auch nach Nazaret, wo er aufgewachsen war. Am Sabbat ging er wie immer in die Synagoge. Er stand auf, um aus den heiligen Schriften vorzulesen, und man reichte ihm die Buchrolle mit den Worten des Propheten Jesaja. Er rollte sie auf und wählte die Stelle aus, an der es heißt:

»Der Herr hat mich mit seinem Geist erfüllt.
Er hat mich bevollmächtigt und mir den Auftrag gegeben,
den Armen gute Nachricht zu bringen;
den Gefangenen zu verkünden, daß sie frei sein sollen,

und den Blinden, daß sie sehen werden.
Den Mißhandelten soll ich die Freiheit bringen,
und das Jahr ausrufen, in dem Gott sein Volk rettet.«

Jesus rollte das Buch wieder zusammen, gab es dem Synagogendiener und setzte sich. Die ganze Gemeinde blickte gespannt auf ihn. Dann begann er und sagte: »Dieses Wort ist heute für euch in Erfüllung gegangen, eben jetzt, als ihr es aus meinem Mund gehört habt.«

Alle stimmten ihm zu und staunten über diese Botschaft von Gottes rettender Gnade. Aber sie wunderten sich, so etwas aus seinem Mund zu hören, und sagten zueinander: »Ist das nicht der Sohn Josefs?«

Da sagte Jesus: »Sicher werdet ihr mir jetzt mit dem Sprichwort kommen: Arzt, hilf dir selbst! Wenn du in Kafarnaum so große Dinge getan hast, wie wir gehört haben, dann tu sie auch hier in deiner Vaterstadt! – Aber ich versichere euch: ein Prophet gilt in seiner Heimatstadt nichts. Ja, ich muß euch noch mehr sagen: Zur Zeit des Propheten Elija lebten viele Witwen in Israel, damals, als es dreieinhalb Jahre nicht regnete und im ganzen Land eine große Hungersnot war. Trotzdem wurde Elija zu keiner von ihnen geschickt, sondern zu einer Witwe in Sarapta im Gebiet von Sidon. Und zur Zeit des Propheten Elischa gab es viele Aussätzige in Israel; aber keiner von ihnen wurde geheilt, nur der Syrer Nàaman.«

Als die Menschen in der Synagoge das hörten, wurden sie wütend. Sie sprangen auf und trieben Jesus aus der Stadt hinaus bis an den Rand des Berges, auf dem Nazaret liegt. Dort wollten sie ihn hinunterstürzen. Aber Jesus ging unbehelligt mitten durch die Menge hindurch und zog weiter.

Bild und Deutung

■ Eine erste Brücke zum Text ist der Ort selber: Der Evangeliumsabschnitt schließt ja mit der Bemerkung, daß die Bewohner von Nazaret Jesus ablehnten und vom *Felsen, auf dem ihre Stadt erbaut war,* hinunterstürzen wollten. Der Besinnungspunkt liegt wirklich hart an einem Felsabsturz. Dieser optische Zusammenhang hat freilich mit der Bedeutung der Botschaft nichts zu tun, ist aber biblisch.

Ein Weltkugelgerüst steht an der Stelle. Der Begeher wird sich erinnern: Der Besinnungspunkt ❹ (50 Meter tiefer im Kellerbach) ist geprägt von Christus, der die in Schuld verstrickte Welt auf den Schultern trägt. Hier ist sie wieder, die Weltkugel, vom Stacheldraht und von den Ketten der Schuld umwunden, aber die Kette ist gesprengt, der Stacheldraht durchtrennt, so daß man an jeder Stelle ungehindert aus und ein gehen kann.

Besinnung

Mit dem Zitat aus dem Buch des Propheten Jesaja, vor allem Jes 61,1–2, kündigt Jesus in aller Klarheit den Auftrag an, den er von seinem Vater übernommen hat. Und genau so hat er die Aufgabe verstanden und erfüllt. Die Titel Retter und Heiland leiten sich davon ab. Mit Jesus erweist sich jener eine und allheilige Gott in ganz neuer Weise als *der (für euch) da ist* (JAHWE). Die Botschaft findet bereits im Alten Testament immer wieder eine neue Bestätigung, z. B. die unauslöschliche Erinnerung an die Befreiung aus dem *Sklavenhaus Ägyptens*. Die Bibel kennt aber noch viele andere Beispiele. Jesus verdichtet die Absicht Gottes und führt sie zugleich auf die eigentliche Entscheidungsmitte. Der Mensch muß im innersten Kern seiner Person Befreiung finden; Befreiung zu seiner eigenen wesensgerechten Berufung, woraus dann auch nach außen eine HEILE WELT entstehen kann: Befreiung von inneren Abhängigkeiten. Die Ketten der Hörigkeit dem Bösen gegenüber müssen gesprengt, die Gitter der Angst müssen aufgerissen werden.

Man denke an so viel unsäglich Leidvolles auf unserer Welt nur im vergangenen Jahrhundert, vom Aufflammen des Judenhasses im Nahen Osten über den Holokaust bis zum gegenwärtigen unaufbrechbar scheinenden Panzer zwischen Palästinensern und Juden; an die beiden Weltkriege, an die gegenseitig zugefügten Greueltaten von gleichsprachigen Menschen in Bosnien und im Kosovo; an den Völkermord in Armenien, Afghanistan, Sudan; denken wir an Vietnam, Thailand, um nur wenige Namen zu nennen. Können solche Berge von zuallermeist unschuldig erlittenem Leid je abgetragen werden?

Aber richten wir den Blick ruhig auch auf unsere eigene kleine Welt. Was sind wir doch oft eingeschnürt in ganze Stacheldrahtbündel von Vorurteilen, Abneigung, Gekränktheiten, unschuldig und schuldig erlittenem Weh, eingehüllt in einen ganzen Filz aufgebauter und oft sehr gepflegter Antipathien und unumkehrbar verloren in einem Kanal falscher, oft genug sündhafter Entscheidungen vergangener Tage ...

Wie tut doch ein Wort gut von allerhöchster Instanz: Dazu bin ich gekommen, um euch gute Nachricht zu bringen, also nicht so sehr den Perfekten, den moralischen Helden, sondern euch, den Armen, den Gefangenen eures eigenen Unvermögens, den Gefangenen vorausgegangener falscher Entscheidungen.

Auf dem Besinnungsweg nun weiterzugehen mit dem Wort auf den Lippen und noch mehr im Herzen: Jesus, Retter und Befreier, das kann ein Geschenk sein! Besonders deswegen, weil wir felsenfest darauf vertrauen dürfen, daß es nicht bloß eine fromme, nichtssagende Redensart ist. Dahinter steht der, der anders ist als alle jene, die auch dann und wann heruntersteigen und in leutselig anbiedernder Rede die Kleinen trösten und dann doch unzugänglich auf ihre Regierungssitze zurückkehren. Nein, er, der Berufene von Nazaret, bleibt bei den Armen, so radikal und so tief nach unten steigend, daß es tiefer nicht mehr ging. Um dann alle von unten nach oben mitzunehmen in einen Raum, wo das Sich-heil-Fühlen und -Sein umfassend und unbegrenzt ist.

Gebet

Aus einem Gebet eines bekannten Zeitgenossen ist auch dieses Vertrauen herauszuspüren:

Christus,
du nimmst uns bei der Hand,
damit wir von Zweifeln
hinübergehen zum Vertrauen,
damit wir uns ganz,
mit Leib und Geist, dir hingeben,
der du uns den Klang der Freude
und des Festes schenkst.
Dir nachfolgen heißt
auf alles achten,
was zum Kindsein gehört:
Einfachheit,
bewunderndes Staunen, Jauchzen.
Für dich ist der Mensch geheiligt
durch seine unschuldig
in der Kindheit erlittenen Wunden.
Deshalb suchen wir,
angesichts der Kämpfe in unserem Leben,
einfach in dir zu ruhen,
wie ein Kind am Herzen seines Vaters.

Roger Schutz, Prior von Taizé

Lieder

LS 270 Eines Tages kam einer
LS 130 Ich möcht, daß einer mit mir geht
LS 47 Zwei Jünger gingen
LS 72 O Herr, du mein Freund
LS 374 Manchmal bin ich blind

Mitgehsatz

JESUS, RETTER UND BEFREIER

7 Die Bergpredigt

Botschaft

Als Jesus die vielen Menschen sah, stieg er auf einen Berg und setzte sich. Seine Jünger traten zu ihm. Dann erklärte er ihnen seine Botschaft: »Freuen dürfen sich alle, die mit leeren Händen vor Gott stehen, denn sie werden Gottes Volk sein ...« (Mt 5,1–3).

Anmerkung: Es würde hier zuviel Platz beanspruchen, den ganzen Text der Bergpredigt abzudrucken. Es sind ganze drei Kapitel (5–7) im Matthäusevangelium. Nur einige Sätze seien wiedergegeben:

Aus dem Evangelium nach Matthäus 5/6/7

Die acht SELIGKEITEN werden als das große EINGANGSTOR der Bergpredigt bezeichnet:

✦ Als Jesus die Menschenmenge sah, stieg er auf einen Berg und setzte sich. Seine Jünger traten zu ihm. Dann verkündete er ihnen, was Gott von seinem Volk erwartet. Er begann:

✦ Freuen dürfen sich alle, die nur noch von Gott etwas erwarten und nichts von sich selbst; denn sie werden mit ihm in der neuen Welt leben.

✦ Freuen dürfen sich alle, die unter der Not der Welt leiden; denn Gott wird ihnen ihre Last abnehmen.

✦ Freuen dürfen sich alle, die keine Gewalt anwenden; denn Gott wird ihnen die Erde zum Besitz geben.

✦ Freuen dürfen sich alle, die brennend darauf warten, daß Gottes Wille geschieht; denn Gott wird ihre Sehnsucht stillen.

✦ Freuen dürfen sich alle, die barmherzig sind; denn Gott wird auch mit ihnen barmherzig sein.

✦ Freuen dürfen sich alle, die ein reines Herz haben; denn sie werden Gott sehen.

✦ Freuen dürfen sich alle, die Frieden schaffen; denn sie werden Gottes Kinder sein.

✦ Freuen dürfen sich alle, die verfolgt werden, weil sie tun, was Gott verlangt; denn sie werden mit ihm in der neuen Welt leben.

✦ Freuen dürft ihr euch, wenn man euch beschimpft und verfolgt und euch zu Unrecht alles Schlechte nachsagt, weil ihr zu mir gehört. Freut euch und jubelt, denn Gott wird euch reich belohnen. So hat man die Propheten vor euch auch schon behandelt.

✦ Ihr seid das Licht für die Welt. Eine Stadt, die auf einem Berg liegt, kann nicht verborgen bleiben. Auch brennt keiner eine Lampe an, um sie dann unter eine Schüssel zu stellen. Im Ge-

genteil, man stellt sie auf einen erhöhten Platz, damit sie allen im Haus leuchtet. Genauso muß auch euer Licht vor den Menschen leuchten: Sie sollen eure guten Taten sehen und euren Vater im Himmel preisen.

✦ Ihr wißt, daß unseren Vorfahren gesagt worden ist: Morde nicht! Wer einen Mord begeht, soll vor Gericht gestellt werden. Ich aber sage euch: Schon wer auf seinen Bruder zornig ist, gehört vor Gericht. Wer aber zu seinem Bruder sagt: Du Idiot!, der gehört vor das oberste Gericht. Und wer zu seinem Bruder sagt: Geh zum Teufel!, der verdient es, ins Feuer der Hölle geworfen zu werden.

✦ Wenn du zum Altar gehst, um Gott deine Gabe zu bringen, fällt dir dort vielleicht ein, daß dein Bruder etwas gegen dich hat. Dann laß deine Gabe vor dem Altar liegen, geh zuerst zu deinem Bruder und söhne dich mit ihm aus. Danach kannst du Gott dein Opfer darbringen.

✦ Ihr wißt auch, daß es heißt: Zerstöre keine Ehe! Ich aber sage euch: Wer die Frau eines anderen auch nur ansieht und sie haben will, hat in Gedanken schon ihre Ehe zerstört.

✦ Ihr wißt auch, daß es heißt: Liebe alle, die dir nahestehen, und hasse alle, die dir als Feinde gegenüberstehen. Ich aber sage euch: Liebt eure Feinde und betet für die, die euch verfolgen. So erweist ihr euch als Kinder eures Vaters im Himmel. Denn er läßt die Sonne scheinen auf böse wie auf gute Menschen und er läßt es regnen auf alle, ob sie ihn ehren oder verachten. Wie könnt ihr von Gott eine Belohnung erwarten, wenn ihr nur die liebt, die euch auch lieben? Sogar Betrüger lieben ihresgleichen. Was ist denn schon Besonderes daran, wenn ihr nur zu euren Brüdern freundlich seid? Das tun auch die, die Gott nicht kennen. Nein, ihr sollt vollkommen sein, weil euer Vater im Himmel vollkommen ist.

✦ Hütet euch, eure Frömmigkeit vor den Menschen zur Schau zu stellen! Denn dann habt ihr keinen Lohn mehr von eurem Vater im Himmel zu erwarten. Wenn du jemand hilfst, dann häng es nicht an die große Glocke! Benimm dich nicht wie die Heuchler in den Synagogen und auf den Straßen. Sie wollen nur von den Menschen geehrt werden. Ich sage euch: Sie haben ihren Lohn schon kassiert. Wenn du also jemand hilfst, dann tu es so unauffällig, daß nicht einmal dein bester Freund etwas davon erfährt. Dein Vater, der auch das Verborgenste sieht, wird dich dafür belohnen.

✦ In der Mitte der Bergpredigt lehrt Jesus seine Zuhörer das Vaterunser (Mt 6,9–13):

Unser Vater im Himmel!

Bring alle Menschen dazu, dich zu ehren!
Komm und richte deine Herrschaft auf!
Was du willst, soll nicht nur im Himmel geschehen,
sondern auch bei uns auf der Erde.
Gib uns, was wir heute zum Leben brauchen.
Vergib uns unsere Schuld,
wie auch wir jedem verzeihen,
der uns Unrecht getan hat.
Laß uns nicht in die Gefahr kommen,
dir untreu zu werden,
sondern schütze uns vor der Macht des Bösen.
Dir gehört alle Herrschaft
und Macht und Ehre in Ewigkeit. Amen.

✦ Wenn ihr den anderen verzeiht, was sie euch angetan haben, dann wird auch euer Vater im Himmel euch eure Schuld vergeben. Wenn ihr aber den anderen nicht verzeiht, dann wird euer Vater euch eure Verfehlungen auch nicht vergeben.
✦ Verurteilt nicht andere, damit Gott nicht euch verurteilt. Denn euer Urteil wird auf euch zurückfallen, und ihr werdet mit demselben Maß gemessen werden, das ihr bei anderen anlegt. Warum kümmerst du dich um den Splitter im Auge deines Bruders und bemerkst nicht den Balken in deinem eigenen? Wie kannst du zu deinem Bruder sagen: Komm her, ich will dir den Splitter aus dem Auge ziehen, wenn du selbst einen ganzen Balken im Auge hast? Du Scheinheiliger, zieh erst den Balken aus deinem Auge, dann kannst du dich um den Splitter im Auge deines Bruders kümmern.

Goldene Regel

✦ Behandelt die Menschen so, wie ihr selbst von ihnen behandelt werden wollt – das ist alles, was das Gesetz und die Propheten fordern.
✦ Nicht jeder, der ständig Herr zu mir sagt, wird in Gottes neue Welt kommen, sondern der, der auch tut, was mein Vater im Himmel will.

Abschluß der Bergpredigt

✦ Wer meine Worte hört und sich nach ihnen richtet, wird am Ende dastehen wie ein Mann, der überlegt, was er tut, und deshalb sein Haus auf felsigem Grund baut. Wenn dann ein Wolkenbruch niedergeht, die Flüsse über die Ufer treten und der Sturm tobt und an dem Haus rüttelt, stürzt es nicht ein, weil es auf Fels gebaut ist.

Bild und Deutung

■ Der Ort des Besinnungspunktes ist eine ziemlich gleichförmig sanft ansteigende und schütter besetzte Waldfläche mit einer leichten Senke in der Mitte, also ein wenig wie ein Amphitheater. Man könnte ihn einen idealen Ort für die biblische Bergpredigt nennen. Es ist also schon das Gelände, das für sich spricht. Ein wenig *Ausstattung* kommt hinzu:

Am unteren Rand, in der Mitte, zwei große übereinandergelagerte Steine als *Berg, auf den Jesus stieg und sich setzte*. Leicht bogenförmig sind Bänke in Gestalt halbierter Baumstämme ausgelegt, so daß das Ganze wahrhaft eine Art Hörer-Arena darstellt. Um die große Menge der Zuhörer anzudeuten, ist die Anzahl der aufgestellten Sitzbänke 3 mal 7. Die Zahl *sieben* steht in der Bibel häufig für vollkommen, allumfassend, unbegrenzt, und die Zahl *drei* für Heiliges, Göttliches. Damit wird die Bergpredigt gut charakterisiert: Gottes Wort für unbegrenzt viele Menschen – bis zum heutigen Tag!

Besinnung

■ In der Bergpredigt (Mt 5–7) begegnet uns gewissermaßen die christliche Grundverfassung. Es handelt sich nicht um ein Gesetzeswerk mit *kontrollierbarem Erfüllungskatalog*. Es geht vielmehr um die innerste Gesinnung. Der Holländische Katechismus drückt es so aus: »In der Bergpredigt begegnet der Mensch nicht einem unpersönlichen Reglement, sondern dem lebendigen Gott. Der Mensch steht vor dem unverhüllten Willen Gottes.« Es kommt dabei in erster Linie gar nicht darauf an, ob Forderungen konkret erfüllbar sind oder nicht. Ausschlaggebend ist die Richtung, auf die der Mensch sich entschieden einläßt.

Angesprochen sind in der Bergpredigt in erster Linie auch gar nicht die anwesenden Zuhörer/-innen, sondern der Mensch an sich bzw. die Menschheit. So könnte sogar, wenn man will, als einer der radikalsten Erfüller der Bergpredigt in unserer Zeit ein Nicht-Christ genannt werden: Mahatma Gandhi.

Zum betenden Bedenken

Fünf Vorsätze für jeden Tag

- Ich will bei der Wahrheit bleiben.
- Ich will mich keiner Ungerechtigkeit beugen.
- Ich will frei sein von Furcht.
- Ich will keine Gewalt anwenden.
- Ich will in jedem zuerst das Gute sehen.

Mahatma Gandhi

Seligpreisungen für Weise

- Selig,
  die über sich selbst lachen können;
  sie werden nie aufhören, sich zu amüsieren.
- Selig,
  die einen Maulwurfshügel von einem Berg unterscheiden können,
  sie werden vielen Schwierigkeiten entgehen.
- Selig,
  die fähig sind, sich auszuruhen und zu schlafen, ohne sich dafür zu entschuldigen; sie sind auf dem Weg zur Weisheit.
- Selig,
  die sich darauf verstehen, zu schweigen und zuzuhören, wieviel Neues werden sie erfahren!
- Selig,
  die intelligent genug sind, sich selbst nicht zu ernst zu nehmen;
  ihre Umgebung wird sie zu schätzen wissen.
- Selig,
  die acht darauf haben, was andere brauchen, und sich dabei nicht für unentbehrlich halten; sie werden Leute sein, die Freude säen.
- Selig seid ihr,
  wenn ihr versteht, die kleinen Dinge des Lebens mit Ernst und die ernsten Dinge mit Gelassenheit zu sehen;
  ihr werdet im Leben weit kommen.
- Selig seid ihr,
  wenn ihr einen schiefen Blick vergessen könnt,
  euer Weg wird voller Sonne sein.
- Selig seid ihr,
  wenn ihr fähig seid, die Haltung des anderen mit Wohlwollen zu deuten, auch wenn der Augenschein dagegen spricht.
  Man wird euch für naiv halten.
  Aber die Nächstenliebe ist nicht billiger zu haben.

Jugendgottesdienste I

Seligpreisungen aus Afrika

- Selig,
  die Verständnis zeigen für meinen stolpernden Fuß
  und meine lahme Hand.
- Selig,
  die begreifen, daß mein Ohr sich anstrengen muß,
  um alles aufzunehmen, was man zu mir spricht.
- Selig,
  die zu wissen scheinen, daß meine Augen trüb
  und meine Gedanken träge sind.

✦ Selig,
die mit freundlichem Lachen verweilen,
um ein wenig mit mir zu plaudern.
✦ Selig,
die niemals sagen: »Das haben Sie mir heute
schon zweimal erzählt.«
✦ Selig,
die es verstehen, Erinnerungen an frühere Zeiten
in mir wachzurufen.
✦ Selig,
die mich erfahren lassen, daß ich geliebt,
geachtet und nicht allein gelassen bin.
✦ Selig,
die in ihrer Güte die Tage, die mir noch bleiben, erleichtern.

Lieder

LS 107 Gehet nicht auf in den Sorgen
LS 161 Hört, wen Jesus glücklich preist
LS 296 Wenn einer zu reden beginnt

Mitgehsatz

JESUS UND SEINE BOTSCHAFT DER FREUDE

Dieser Mitgehsatz ist nicht ausschließlich auf die Bergpredigt bezogen, sondern auf das ganze Evangelium (*Evangelium* = frohe Botschaft); besonders trifft es auf die nächsten Besinnungspunkte zu!

8 Der verlorene Sohn

Botschaft

■ **Der Vater sah ihn schon von weitem kommen, und voller Mitleid lief er ihm entgegen, fiel ihm um den Hals und küßte ihn** (Lk 15,20).

Aus dem Evangelium nach Lukas 15,11–32

■ Jesus erzählte weiter: »Ein Mann hatte zwei Söhne. Der jüngere sagte: ›Vater, gib mir den Teil der Erbschaft, der mir zusteht!‹ Da teilte der Vater seinen Besitz unter die beiden auf. Nach ein paar Tagen machte der jüngere Sohn seinen ganzen Anteil zu Geld und zog in die Fremde. Dort lebte er in Saus und Braus und verjubelte alles. Als er nichts mehr hatte, brach in jenem Land eine große Hungersnot aus; da ging es ihm schlecht. Er fand schließlich Arbeit bei einem Bürger des Landes, der schickte ihn

zum Schweinehüten aufs Feld. Er war so hungrig, daß er auch mit dem Schweinefutter zufrieden gewesen wäre; aber selbst das verwehrte man ihm. Endlich ging er in sich und sagte: ›Die Arbeiter meines Vaters bekommen mehr als sie essen können, und ich werde hier noch vor Hunger umkommen. Ich will zu meinem Vater gehen und zu ihm sagen: Vater, ich bin vor Gott und vor dir schuldig geworden; ich verdiene es nicht mehr, dein Sohn zu sein. Nimm mich als einen deiner Arbeiter in Dienst!‹

So machte er sich auf den Weg zu seinem Vater. Der sah ihn schon von weitem kommen, und voller Mitleid lief er ihm entgegen, fiel ihm um den Hals und küßte ihn. ›Vater‹, sagte der Sohn, ›ich bin vor Gott und vor dir schuldig geworden, ich verdiene es nicht mehr, dein Sohn zu sein!‹ Aber der Vater rief seine Diener: ›Schnell, holt das beste Kleid für ihn, steckt ihm einen Ring an den Finger und bringt ihm Schuhe! Holt das Mastkalb und schlachtet es! Wir wollen ein Fest feiern und uns freuen! Mein Sohn hier war tot, jetzt lebt er wieder. Er war verloren, jetzt ist er wiedergefunden.‹ Und sie begannen zu feiern.

Der ältere Sohn war noch auf dem Feld. Als er zurückkam und sich dem Haus näherte, hörte er das Singen und Tanzen. Er rief einen der Diener herbei und fragte, was da los sei. Der sagte: ›Dein Bruder ist zurückgekommen, und dein Vater hat das Mastkalb schlachten lassen, weil er ihn gesund wiederhat.‹ Da wurde der ältere Bruder zornig und wollte nicht ins Haus gehen. Schließlich kam der Vater heraus und redete ihm gut zu. Aber der Sohn sagte zu ihm: ›Du weißt doch: all die Jahre habe ich wie ein Sklave für dich geschuftet, nie war ich ungehorsam. Was habe ich dafür bekommen? Mir hast du nie auch nur einen Ziegenbock gegeben, damit ich mit meinen Freunden feiern konnte. Aber der da, dein Sohn, hat dein Geld mit Huren durchgebracht; und jetzt kommt er nach Hause, da schlachtest du gleich das Mastkalb für ihn.‹ ›Mein Sohn‹, sagte da der Vater, ›du bist immer bei mir, und dir gehört alles, was ich habe. Wir konnten doch nicht anders als feiern und uns freuen. Denn dein Bruder war tot, jetzt ist er wieder am Leben! Er war verloren, aber jetzt ist er wiedergefunden!‹«

Bild und Deutung

■ Der Ort des Besinnungspunktes liegt erhöht über der Abzweigung des Schwarzplatzerhof-Weges von der Partscheilbergstraße. Es kreuzen sich viele Linien: Weggabelung, das Tal, der Bach, Wandersteige. Das In-die-Fremde-Ziehen und das Wieder-nach-Hause-Kommen verbinden sich leicht mit der Örtlichkeit. Die beiden Baumgestalten sprechen für sich.

Besinnung

Worum es Jesus im Gleichnis geht, ist weder ein moralischer Imperativ noch eine pädagogische Weisung an Väter oder Eltern: So müßt ihr mit euren Kindern umgehen. Die entschlossene Absicht Jesu ist es darzulegen: So ist Gott! Mit unüberbietbarer Prägnanz stellt Jesus klar: Gott geht es weder um das Rechthaben noch um Genugtuung, sondern einzig und allein um seinen Sohn. Liebende Beziehung ist das innerste Wesen Gottes. Die einzige, aber wesentliche Leistung des Sohnes ist Umkehr, selber heimkehren wollen. Alles andere entsteht aus dem Ja zum Vater: Leben (ER WAR TOT ...), Geborgenheit (ER WAR VERLOREN ...), Reichtum (KLEIDER ...), Würde (RING) usw. Und selbst ein gewisser Defekt in der Erwartung nach gerechtem (menschlichem) Ausgleich (älterer Sohn!) wird gerechtfertigt mit dem Argument des Lebens: ER WAR TOT UND LEBT WIEDER ...! Es läßt sich daraus die Gleichung ableiten: Liebe ist Leben und Leben ist Liebe.

Käme es dementsprechend aufs gleiche hinaus, wenn Reinhold Messner auf die Frage nach dem Sinn des Lebens antworten würde: *»Der Sinn des Lebens ist Leben!«*, und Emanuelle Cinqin, die Mutter der Müllmenschen in Kairo: *»Der Sinn des Lebens ist Lieben?«* Auf den ersten Blick: Ja! Es kommt aber ganz darauf an, was in den Begriff LEBEN hineingelegt wird. Wenn darunter bloß biologische, physische und intellektuelle Vitalität gemeint ist, geht die Gleichung nicht auf. Wenn das Wort jedoch im Sinne Christi verstanden wird – »Ich bin der Weg, die Wahrheit und das Leben.« (Joh 11,25 und 14,6) – dann ja!

Gebet

Du bist die Liebe

Du bist die Liebe – ich möchte du sein!
Liebe, die nicht blind macht, sondern sehend.
Liebe, die nicht fesselt, sondern löst.
Liebe, die nicht zwingt, sondern befreit.
Liebe, die nicht bedrückt, sondern erleichtert.
Liebe, die nicht verzehrt, sondern speist.
Liebe, die nicht verbrennt, sondern wärmt.
Liebe, die nicht ängstigt, sondern froh macht.
Liebe, die nicht zuschließt, sondern öffnet.
Liebe, die nicht versteckt, sondern offenbart.
Liebe, die nicht verliert, sondern findet.
Liebe, die nicht leerschöpft, sondern füllt.
Liebe, die nicht bedrängt, sondern tröstet.
Liebe, die stillt als dauernde Qelle.

Deine Liebe zu uns,
die alle Grenzen unseres Lebens sprengt
und unseren Tod auf sich nimmt,
hat uns befreit, erlöst und erfüllt.
So dürfen wir Kinder deiner Liebe sein.

Jugendgottesdienste I–30

Lieder

LS	70	Herr, deine Liebe ist wie Gras und Ufer
LS	175	Schon früh am Morgen
LS	139	Gott, deine Liebe reicht weit
LS	341	Du bist Vater und Mutter (Kanon 2)

Mitgehsatz

JESUS, DER ÜBERZEUGENDSTE BOTSCHAFTER DER LIEBE GOTTES

9 Laßt die Kinder zu mir kommen!

Botschaft

■ **Laßt die Kinder doch zu mir kommen und hindert sie nicht, denn gerade für Menschen wie sie steht die neue Welt Gottes offen** (Mk 10,14).

Aus dem Evangelium nach Markus 10,13–16

■ Einige Leute brachten Kinder zu Jesus, damit er ihnen die Hände auflegte. Aber die Jünger wiesen sie ab. Als Jesus es bemerkte, wurde er zornig und sagte zu seinen Jüngern: »Laßt die Kinder doch zu mir kommen und hindert sie nicht, denn gerade für Menschen wie sie steht die neue Welt Gottes offen. Täuscht euch nicht: Wer sich der Liebe Gottes nicht wie ein Kind öffnet, wird sie niemals erfahren.« Dann nahm er die Kinder in die Arme, legte ihnen die Hände auf und segnete sie.

Bild und Deutung

■ Das Gelände bietet eine mit Moos und Waldstreu bedeckte und lichterfüllte Mulde. Die auf dem Platz verteilten Baumhocker erzählen auf ihre Weise die Begebenheit: Wie sich die Kinder um Jesus scharen und die zurechtgewiesenen Jünger an den Rand gedrängt sind. Die Anzahl der Kindersitze, 3 mal 7, und die Rundform der Gruppe deuten auf die Kinder und die Kleinen und Schwachen der ganzen Welt.

Besinnung

■ Es gehört ohne Zweifel zum Wesen wirklicher Liebe, sich kompromißlos dem Schwachen, Bedürftigen, dem Kleinen zuzuwenden. Wenn Liebe Leben ist, dann wird die Logik offenbar: Wo das Leben schwach und gefährdet ist, bedarf es der Liebe. Das bezieht sich nicht nur auf den physischen, sondern genauso oder vielleicht noch mehr auf den psychischen Zustand, den sozialen, die seelische Verfassung. Deshalb die große Sensibilität Jesu für jene, die – aus welchem Grund auch immer – KLEIN sind, KLEIN geblieben oder geworden sind. Allerdings kann die Zuwendung Jesu erst dann wirksam werden, sobald das KLEIN-SEIN eingestanden bzw. angenommen wird und der/die KLEINE selber zu ihm kommt.

Gebete

Es ist nicht der Platz meiner Wahl

Herr, du hast dich ausdrücklich
zu den Kleinen und Schwachen gestellt.
Es ist nicht der Platz meiner Wahl.
Ich sehe mich lieber bei den Einflußreichen,
bei den Starken,
bei jenen, die etwas zu sagen haben.
Und wenn ich nicht schon selber ganz oben sein kann,
so drängt es mich zumindest in den Schatten
derer ganz oben.
Was macht es doch Eindruck,
wenn man mit »Beziehungen« aufwarten kann –
bis in die höchsten Ränge,
ob weltlich, ob geistlich!

Wenn ich dann und wann einen lichten Augenblick habe,
sind es zwei Dinge in mir, die mich erschrecken:
Die Maske, hinter der ich mich so gern verberge,
und mein kleiner Glaube,
der mit deiner »Beziehung« gar nicht rechnet.
Wäre ich zumindest im zweiten groß genug,
hätte ich das erste gar nicht nötig.

Mein Herr, inmitten der Kinder
darf ich doch deine Einladung,
LASST DIE KINDER ZU MIR KOMMEN!,
zumindest dann und wann
auch auf mich bezogen betrachten,
weil ich vor dir
getrost alle Masken fallen lassen darf
und meine wirkliche Armut
mich nichts anderes sein läßt

als ein armseliges, hilfsbedürftiges Kind! –
wenn auch mit einer so großen Schuhnummer!

Du bist mein Freund

Herr, du bist mein Freund.
Das sage ich mir jeden Tag:
Du bist mein Freund.
Das sage ich mir, wenn ich durch das Dunkel gehe:
Du bist mein Freund.
Das sage ich mir, wenn ich lache:
Du bist mein Freund.
Das sage ich mir, wenn die Sonne brennt:
Du bist mein Freund.
Das sage ich mir, wenn ich habe, was ich brauche:
Du bist mein Freund.
Das sage ich mir, wenn ich Hunger habe:
Du bist mein Freund.
Das sage ich mir, wenn ich glücklich bin:
Du bist mein Freund.
Das sage ich mir, wenn ich elend und krank bin:
Du bist mein Freund.
Das sage ich mir heute, morgen, übermorgen und immer:
Du bist mein Freund.

Aus: *Kindergebete aus den jungen Kirchen Lateinamerikas*

Ein mutterloses Kind

Oft fühl' ich mich wie ein mutterloses Kind.
Oft fühl' ich mich wie ein Blatt im kalten Wind,
so wie ein Quell, der im grauen Sand verrinnt:
Die Mutter so weit, die Heimat so weit!
Hörst du, Bruder, die Mutter, so weit, so einsam im Leid!
Oft fühl' ich mich fast als wär' ich nicht mehr hier.
Oft fühl' ich mich fast als wär' ich schon bei dir,
über den Wolken, ganz nahe schon bei dir –
weit jenseits der Zeit, weit jenseits vom Leid.
Hörst du, Bruder, weit jenseits der Zeit,
da gibt es kein Leid.

Spiritual »Sometimes I Feel Like A Motherless Child …«

Mitgehsatz

JESUS, DER GROSSE FREUND
DER KLEINEN UND SCHWACHEN

Lieder

LS 387/13 Bind uns zusammen, Herr
LS 374 Manchmal bin ich blind
LS 134 Kinderaugen, große Augen
LS 321 Viele kleine Leute
LS 194 Wir tragen viele Masken

10 Heilung des Gelähmten

Botschaft

■ **Als Jesus sah, wieviel Vertrauen sie zu ihm hatten, sagte er zu dem Gelähmten: »Deine Schuld ist dir vergeben!«** (Mk 2,5) **und »Ich sage dir, steh auf und geh nach Hause!«** (Mk 2,11)

Aus dem Evangelium nach Markus 2,1–12

■ Einige Tage später (nach der Heilung eines Aussätzigen in Galiläa) kam Jesus nach Kafarnaum zurück, und bald wußte jeder, daß er wieder zu Hause war. Die Menschen strömten so zahlreich zusammen, daß kein Platz mehr blieb, nicht einmal draußen vor der Tür. Jesus verkündigte ihnen die Botschaft Gottes.

Da brachten vier Männer einen Gelähmten herbei, kamen aber wegen der Menschenmenge nicht bis zu Jesus durch. Darum stiegen sie auf das flache Dach und gruben die Lehmdecke auf, genau über der Stelle, wo Jesus war. Dann ließen sie den Gelähmten auf seiner Matte durch das Loch hinunter. Als Jesus sah, wie groß ihr Vertrauen war, sagte er zu dem Gelähmten: »Deine Schuld ist dir vergeben!«

Das hörten einige Gesetzeslehrer, die auch dort waren, und sie dachten: »Wie kann er es wagen, so zu reden? Das ist eine Gotteslästerung! Niemand außer Gott kann uns unsere Schuld vergeben.« Jesus wußte sofort, was sie dachten, und fragte sie: »Was sind das für Gedanken, die ihr euch da macht? Was ist leichter – diesem Gelähmten zu sagen: ›Deine Schuld ist dir vergeben‹, oder: ›Steh auf, nimm deine Matte und geh‹? Aber ihr sollt sehen, daß der Menschensohn von Gott die Vollmacht hat, hier auf der Erde Schuld zu vergeben.« Und er sagte zu dem Gelähmten: »Ich befehle dir: Steh auf, nimm deine Matte und geh nach Hause!« Der Mann stand auf, nahm seine Matte und ging. Alle, die es sahen, waren ganz außer sich, priesen Gott und sagten: »So etwas haben wir noch nie erlebt!«

Bild und Deutung

■ In das Gelände ist modellhaft der Grundriß einer einfachen Dorfsynagoge (HAUS – laut Evangelium könnte es auch ein Privathaus gewesen sein – jenes des Apostels Petrus?) eingebaut, ausgerichtet auf den Thora-Schrein, ein erhöhter Sitz für den Lektor, Sitzgelegenheit ringsum … Alles weitere bleibt der Phantasie überlassen.

Besinnung

■ Jesus auf dem Lektorensitz – der überfüllte Raum – eine ganze Menschentraube am und vor dem Eingang – die Männer mit einer Tragbahre auf den Schultern, übermüdet, kommen die Dorfstraße herauf und sehen sich von einer Menschenmauer abgehalten, ihr Ziel, Jesus, zu erreichen. Jeder Versuch, die Leute zu bewegen, Platz zu machen, prallt an den gespannt durch die offene Tür Hineinhorchenden ab. Schließlich die verzweifelte Reaktion der Krankenträger – sie gehen hinter das Gebäude – eine Leiter – zerren den Gelähmten auf seiner Bahre auf das Dach hinauf – hacken den Dachboden auf – Unruhe im Innern des Hauses, weil das Poltern stört – die Weisung des Meisters, die Störenfriede gewähren zu lassen, und schließlich der Kranke zu Füßen Jesu.

Was mag im Innern des Behinderten vorgegangen sein? Wahrscheinlich fühlte er eine hoffnungslose Depression. Nach damaligem Glauben wurde von vielen seiner Landsleute ihm selber die Schuld an seinem Zustand zugeschrieben, weil man glaubte, daß die Krankheit, überhaupt eine solche Dauerbehinderung, immer eine Strafe Gottes für ein schweres Vergehen war. Wenn auch niemand das Vergehen kannte, die Krankheit war »Beweis« genug dafür. Und der Verkrüppelte selber? Er wußte es auch nicht. Und gerade das brachte ihn vollends zur Verzweiflung. Wie oft mochte er sich selber, sein Leben, seine Eltern und schließlich Gott selber verflucht haben? Und nun hatten ihn einige Freunde, die, bevor sie Jesus begegnet waren, wahrscheinlich auch in das gleiche Horn geblasen hatten, unter seinem Protest zum Propheten gebracht, der, wie sie fortwährend sagten, direkt von Gott komme. Von Gott? – dessen Namen er unzählige Male verbittert und voller Haß ausgespien hatte? Und nun lag er hilflos vor dem GOTTGESANDTEN und wußte nur: Kam der wirklich von Gott, dann kannte er auch seine schwarze Seele und er hatte nichts Gutes zu erwarten; kam er nicht von Gott, dann war ohnehin alles umsonst und seine Nacht blieb finsterer als zuvor.

In die gespannte Stille hinein erklang vom Rabbi her auf einmal klar und schlicht ein einziger kurzer Satz: »Deine Schuld ist dir vergeben!« – Aber die Stimme?! Da klang kein Vorwurf mit, kein Zweifel, nicht einmal eine Frage, da drang nur grenzenloses Verstehen durch. Das ... das war nicht vorstellbar, das war einfach da. Irgend etwas Heilendes, Lichtvolles durchflutete ihn. Der Kranke erlebte das Wunder seiner inneren Heilung, und es machte ihn bereits frei und erlöst.

Nach einigen ihn offenbar nicht betreffenden Bemerkungen dann die Einladung: »Nimm deine Bahre und geh!« Und er tat es, konnte es tun ...!

Jesus heilt den Mann zunächst an der Seele, dann auch am Leib. Von den vielen Heilungswundern Jesu, die alle vier Evangelisten von Jesus berichten, hat dieses eine auf dem Jesus-Besinnungsweg Eingang gefunden. Jesus suchte nie die Sensation. Immer wieder die drängende, allerdings immer vergebliche Aufforderung an die Behandelten, zu schweigen, nichts weiterzusagen. Als ob es Jesus am allermeisten darum ging, verständlich zu machen, daß, wer immer wirklich im Namen Gottes mit den Menschen umgeht, eine heilende Wirkung hervorbringen wird, innerlich und äußerlich.

Es darf auch umgekehrt geschlossen werden: Wo Menschen in irgendwelchen Nöten selbstlos geholfen wird, da wird Gottes Gegenwart bezeugt, da ist seine Liebe spürbar.

Im spontanen Verstehen dieser Botschaft hat das Weiße Kreuz von Naturns die Ausgestaltung des Besinnungspunktes übernommen. Und das sozusagen nicht nur im eigenen Namen, sondern in Vertretung der vielen, vielen anderen Menschen, die in und mit irgendeiner Organisation die Absicht Jesu aufgegriffen haben, zu helfen und zu heilen, wo immer NOT AM MANN ist. Heute hat Jesus ja keine anderen Hände, Füße, Augen, Ohren, Mund, Herz ... mit allem dazugehörigen Kennen und Können als unsere eigene geistgeprägte Körperlichkeit. Und es geschieht, Gott sei Dank, tausendfach in unserem Lande!

Auf den Holzsäulen, die den Besinnungspunkt flankieren, sind einige (nicht alle, weil sie gar nicht Platz gefunden haben!) Organisationen, Gruppen und Vereinigungen angezeigt, die Christi Werk und Willen heute bei uns fortsetzen mit unabschätzbarem ehrenamtlichem Einsatz.

Es sind dies:

Sozialverbände
Seraphisches Liebeswerk
Kinderhilfe
Weißes Kreuz
Zivilschutz

Südtiroler Aidshilfe
Sozialgenossenschaften
SOS-Kinderdorf
Familienberatung
KVW
Bergrettungsdienst im AVS
Amnesty International
Frauen helfen Frauen
Vereinigung freiwilliger Blutspender AVIS
Südtiroler Krebshilfe
Blindenzentrum Sankt Raphael
Silberband
Vereinigung für solidarische Selbsthilfe – AVSSH-AVSER
Vinzenzgemeinschaft
Seniorenclubs
Katholischer Familienverband KFS
Freiwillige Feuerwehr
Vereinigung freiwilliger Organspender AIDO
Landesverband Lebenshilfe
Allgemeiner Sozialdienst
Rotes Kreuz
Caritas
Pfarrseelsorge
»Dritte Welt«-Gruppen
UNICEF
La Strada – Der Weg
Selbsthilfegruppen verschiedener Namen
Solidaritätsvereinigung »Nelson Mandela«
Pax Christi

Der Begeher/die Begeherin wird sich sicher vor die Frage gestellt sehen, wo der eigene Platz ist bzw. sein könnte.

Gebete

Dich erkennen ...

Mein Gott,
laß mir im Leben des anderen dein Antlitz leuchten.
Das unwiderstehliche Licht deiner Augen,
das auf dem Grund der Dinge strahlt,
hat mich schon zu jedem Werk begleitet,
das ich vollbringen,
und zu jedem Schmerz, den ich ertragen mußte.
Gib, daß ich dich auch

und vor allem im Innersten
der Seele meiner Geschwister erkenne.

Teilhard de Chardin

Immer enger rücken wir zusammen

Herr Jesus Christus,
in dir sind Himmel und Erde zusammengefaßt;
auf dich hin sind wir geschaffen.
Du willst nicht, daß jeder nur für sich lebt,
sondern daß alle
in gegenseitiger Liebe dir dienen
und als Glieder einer Gemeinschaft
die Güter der Erde gebrauchen und teilen.
Wir sollen das Leid in der Welt heilen
oder gemeinsam tragen
und miteinander die Fülle des Lebens empfangen.

Immer mehr Menschen bewohnen die Erde
und suchen Lebensraum, Arbeit und Brot;
immer enger rücken wir zusammen;
immer mehr werden alle voneinander abhängig.
Mach mein Herz weit für die Anliegen der Menschen,
daß ich fähig werde, an einer Gesellschaft mitzubauen,
deren Mitte Du selbst bist.

Gotteslob

Lieder

LS 198 Wenn das Brot, das wir teilen
LS 197 Jesus wohnt in unsrer Straße
LS 267 Wir spinnen
LS 296 Wenn einer zu reden beginnt
LS 321 Viele kleine Leute
LS 135 Hände, die schenken
LS 115 Was ihr dem geringsten

Mitgehsatz

JESUS,
HEILBRINGER FÜR SEELE UND LEIB

Abschnitt III
Besinnungspunkte ⑪ bis ⑮

Vollendung

■ Der gerade abgeschlossene Abschnitt GUTE NACHRICHT war ein intensives Umgehen mit der Sendung und mit der Botschaft Jesu. Doch ist eigentlich nichts abgeschlossen, weder die Sendung noch die Botschaft. Es trifft auch nicht der Vergleich zu: Planungsphase und Ausführung. Was wir von Jesus in den Abschnitten I und II kennenlernen konnten, ist mehr als »Planung«, es ist oder war bereits authentische »Ausführung« des Auftrages Gottes, nämlich den Menschen Gottes Reich nahe zu bringen. Vielleicht sind die Begriffe Aufbau und Vollendung am besten geeignet, das Verhältnis des dritten Abschnittes zu den vorausgehenden anzuzeigen. Auf jeden Fall steht Jesus das Schwerste bevor. Es ist Verkündigung und Tun in einem. Das Geschehen ist so intensiv, daß es verwundert, wenn wir davon immer noch so wenig berührt zu sein scheinen. Es möchte aber auf jeden Fall sein wie bei einer Erzschmelze: Jeder »Durchgang« bringt ein edleres Metall hervor.

11 Das Abendmahl

Botschaft

■ **Dann nahm Jesus Brot, sprach das Dankgebet, brach das Brot in Stücke und reichte es ihnen mit den Worten: »Das ist mein Leib, der für euch geopfert wird. Tut dies zur Erinnerung an mich«** (Lk 22,19).

Aus dem Evangelium nach Lukas 22,7–23

■ Es kam nun der Tag, an dem die Passalämmer geschlachtet werden mußten. Jesus gab Petrus und Johannes den Auftrag: »Geht und bereitet das Passamahl für uns vor!« »Wo willst du es essen?« fragten sie. Er sagte: »Hört zu! Wenn ihr in die Stadt kommt, trefft ihr einen Mann, der einen Wasserkrug trägt. Folgt ihm in das Haus, in das er geht, und sagt zum Hausherrn dort: ›Unser Lehrer läßt dich fragen: Wo ist der Raum, in dem ich mit meinen Jüngern das Passamahl feiern kann?‹ Er wird euch ein großes Zimmer im Obergeschoß zeigen, das mit Polstern ausgestattet ist. Dort richtet alles her.« Sie gingen und fanden alles, wie Jesus es ihnen gesagt hatte, und bereiteten das Passamahl vor.

Als die Zeit für das Passamahl da war, setzte sich Jesus mit den Aposteln zu Tisch. Er sagte: »Ich habe mich sehr danach gesehnt, dieses Passamahl mit euch zu feiern, ehe ich leiden muß. Denn ich sage euch: Ich werde es erst wieder feiern, wenn das, worauf jedes Passamahl hinweist, in der neuen Welt Gottes zur Erfül-

lung gekommen ist.« Dann nahm Jesus den Becher, sprach darüber das Dankgebet und sagte: »Nehmt ihn und laßt ihn herumgehen! Denn ich sage euch: Ich werde in Zukunft erst wieder Wein trinken, wenn Gott sein Werk vollendet hat.«

Dann nahm Jesus Brot, sprach darüber das Dankgebet, brach es in Stücke und reichte es ihnen mit den Worten: »Das ist mein Leib, der für euch geopfert wird. Tut das immer wieder, damit unter euch gegenwärtig ist, was ich für euch getan habe!« Ebenso gab er ihnen nach dem Essen den Becher mit den Worten: »Dieser Becher ist der neue Bund Gottes, besiegelt mit meinem Blut, das für euch vergossen wird.«

Bild und Deutung

■ Bei Markus und Lukas steht die Bemerkung, daß sich der Abendmahlsraum *im Obergeschoß* befand. Diesen Hinweis nützend wurde vor dem vorhandenen beeindruckenden großen Stein eine erhöhte Plattform errichtet, die für den *ganzen Saal* steht. Auffällig der gebogene Grundriß, dem auch der wuchtige rohgezimmerte Holztisch mit den Sitzbänken folgt, damit einen endlosen Kreis andeutend. Ein nicht zu übersehender Hinweis, daß zum Abendmahl nicht nur zwölf Jünger geladen sind, sondern die ganze Welt!

Die gebogenen Tischbohlen erinnern auch an einen Regenbogen und damit an den NEUEN BUND, den Gott durch das Blut seines Sohnes besiegelt hat.

Besinnung

■ »Tut dies zur Erinnerung an mich«, oder wie es in anderen Übersetzungen heißt: »Tut dies zu meinem Gedächtnis!« – Das ist der Auftrag mit großer Wirkung:

»Tut dies ...« – Was ist damit gemeint? Nur Worte und rituelle Gesten wiederholen oder nicht doch das ganze Geschehen immer wieder nachvollziehen? Das wäre: Menschen einladen, für das Mahl sorgen, Brot besorgen, Gott danken, das Brot teilen und weiterreichen, bis die Aussage ihren Höhepunkt erreicht mit der Ankündigung, daß Er, Jesus, sich bis zum Letzten hingibt – ZUR VERGEBUNG DER SÜNDEN, wie Matthäus noch hinzufügt.

»Tut dies ...« – Wer also das Vermächtnis Jesu feiert, will sich auch bereitmachen, sich einzufügen in das Brotbesorgen, das Beten und Danken, das Teilen und Austeilen des Brotes. Er macht sich bereit, mit Jesus BROT DER LIEBE zu werden, bis – ja bis zur völligen Selbsthingabe.

Jesus wußte wohl, daß dies nicht einfach und noch weniger selbstverständlich für seine Freunde sein würde. Sollte das der tiefere Grund für sein Vermächtnis sein, daß er sozusagen leibhaftig nahe bleiben will, wenn seine Nachfolger sich anschicken, Gottes Auftrag der Tat-Liebe auszuführen? Zwei Kraftquellen sollten verfügbar bleiben: Sein Dasein in der vertrauten Gestalt des Freundschaftsmahles und das Eingebettetsein in den Kreis der gleichbeseelten Gefährten und Gefährtinnen am Tisch.

Betendes Bedenken

Herr, das hier ist der Ort,
der uns an dein Abendmahl heranführt:
keine Kirche, kein Saal,
keine hohen Kunstformen, keine Schnörkel,
nur anfaßbare Natur, wie du sie liebtest,
und doch erfüllt von einer Sprache, die nicht zu
überhören ist:
Der Ort, emporgehoben über die Wege der Arbeit,
wie zu einem Fest, das befähigen will, den Alltag zu bestehen.
Eine Felswand,
die uns Halt geben will in den Verwehungen der Zeit.
Der Tisch, kein Picknickmöbel für flüchtige Stunden,
sondern gebaut
sozusagen für Generationen durch Jahrhunderte
als Zielort auf den Hungerstraßen der Erde!
Und eigenartig ist die Bogenform des Tisches,
wie herausgebrochen aus einem ganzen Kreis.
Sie soll künden,
daß alle Menschen der Erde geladen sind
an den Tisch deiner Gastlichkeit.

Wir erinnern uns
deines letzten Wortes als Wirt für deine Gäste:
Tut dies als mein Vermächtnis!
WAS TUN?
Nicht einen abnützbaren Ritus ausführen,
sondern handgreiflich ausführen,
was dein ganzes Leben ausmachte:
Menschen an den Tisch laden,
ihnen zu essen geben,
mit ihnen beten
und Freud und Leid mit ihnen teilen!

Du wolltest dein Menschsein herausheben aus Raum
und Zeit,
damit die Menschwerdung Gottes
nicht ein Punktereignis der Geschichte sei,
sondern fortwährende Tat
von Gottes leibhaftiger Liebe zu den Menschen.

Was tags darauf geschah, gibt das Maß deiner Liebe an,
das du nanntest mit dem
LEIB, DER HINGEGEBEN WIRD,
und mit dem BLUT, DAS VERGOSSEN WIRD ...

Du trugst uns Jüngern auf, den Tisch zu bereiten.
Wir meinen, wir hätten es getan.
Und so setzen wir uns zum Mahl mit allen Gästen,
die du laden wolltest.

Doch schaut euch um:
Sitzt dort hinten nicht eine Frau, mit der niemand spricht?
Ist der Tisch, der sich über die ganze Erde spannt,
dort nicht leer – noch gar nicht gedeckt,
wo die Hunderttausenden
der Erdbebenkatastrophen ihren Platz haben?
Stehen nicht viele überhaupt noch draußen
– allzu viele?

Herr, haben wir überhaupt eine Chance,
daß du so dein Mahl mit uns hältst?

Deine Antwort mag lauten:
»Ja, Freunde! Auch ich konnte nicht alle sättigen,
auch ich konnte nicht alle heilen,
auch ich konnte nicht alle trösten
und ich habe doch mit meinen Freunden
gegessen und getrunken,
wir haben sogar gesungen und gelacht,
denn Trübsal, die nicht heilt,
verdoppelt nur den Schmerz.
Doch schließt auf eure Herzen
und laßt sie herein, die Kraft, die der Vater
durch mich auch euch geben will
und die in eurer Gemeinschaft erwacht,
damit die Liebe keine Grenzen kennt
und an diesem Tisch
immer mehr Menschen gesättigt werden
und ihre Wohnstube finden.
Ihr habt gute Chancen!«

Lieder

Beim letzten Abendmahle, die Nacht vor seinem Tod,
nahm Jesus in dem Saale Gott dankend Wein und Brot.

»Nehmt«, sprach er, »trinket, esset: das ist mein Fleisch, mein Blut, damit ihr nie vergesset, was meine Liebe tut.«

Dann ging er hin zu sterben aus liebevollem Sinn,
gab, Heil uns zu erwerben, sich selbst zum Opfer hin.

Gotteslob 537

LS 31	Dies ist mein Gebot
GL 909 + LS 77	Unser Leben sei ein Fest
GL 183 + LS 143	Wer leben will wie Gott
LS 147a	Fünf Brote und zwei Fische
LS 231	Ubi caritas
LS 266	Zelte der Zusammenkunft
LS 267	Wir spinnen, knüpfen, weben
LS 362	In Gemeinschaft mit dir feiern

Mitgehsatz

JESUS, BROT DES HIMMELS FÜR DIE ERDE

12 Verurteilung

Botschaft

■ **Wir haben ein Gesetz, und nach diesem Gesetz muß er sterben, weil er behauptet hat, er sei Gottes Sohn** (Joh 19,7). – **Da übergab Pilatus Jesus den Soldaten, damit sie ihn kreuzigten** (Joh 19,16).

Aus dem Evangelium nach Johannes 18,38b–19,16

■ Pilatus ging wieder zu den Juden hinaus und sagte zu ihnen: »Ich sehe keinen Grund, ihn zu verurteilen. Es ist aber üblich, daß ich jedes Jahr am Passafest einen Gefangenen freilasse. Soll ich euch den König der Juden freigeben?« Sie schrien: »Nein, den nicht! Wir wollen Barabbas!« Barabbas aber war ein Straßenräuber.

Da ließ Pilatus Jesus abführen und auspeitschen. Die Soldaten flochten aus Dornenzweigen eine Krone und setzten sie Jesus auf. Sie hängten ihm einen roten Mantel um, traten vor ihn hin und riefen: »Der König der Juden, er lebe hoch!« Dabei schlugen sie ihm ins Gesicht.

Dann ging Pilatus noch einmal zu der Menge hinaus und sagte: »Ich bringe ihn euch hier heraus, damit ihr seht, daß ich kei-

WIR HABEN EIN GESETZ
UND NACH DIESEM GESETZ
MUSS ER STERBEN…

nen Grund zu seiner Verurteilung finden kann.« Als Jesus herauskam, trug er die Dornenkrone und den roten Mantel. Pilatus sagte zu den Juden: »Da, seht ihn euch an, den Menschen!« Als die führenden Priester und die Wächter ihn sahen, schrien sie im Chor: »Kreuzigen! Kreuzigen!« Pilatus sagte zu ihnen: »Kreuzigt ihn doch selbst! Ich finde keinen Grund, ihn zu verurteilen.« Die Juden hielten ihm entgegen: *»Wir haben ein Gesetz. Nach diesem Gesetz muß er sterben, weil er behauptet, er sei Gottes Sohn.«*

Als Pilatus das hörte, bekam er noch mehr Angst. Er ging in den Palast zurück und fragte Jesus: »Woher kommst du?« Aber Jesus antwortete ihm nicht. Pilatus sagte zu ihm: »Willst du nicht mit mir reden? Denk daran, daß ich die Macht habe, dich freizugeben, aber auch die Macht, dich ans Kreuz nageln zu lassen.« Jesus antwortete: »Du hast nur die Macht über mich, weil sie dir von Gott gegeben wurde. Darum haben die, die mich dir ausgeliefert haben, eine größere Schuld auf sich geladen.« Wegen dieser Worte versuchte Pilatus noch einmal, ihn freizulassen. Aber die Menge schrie: »Wenn du ihn freiläßt, bist du kein Freund des Kaisers! Wer sich als König ausgibt, stellt sich gegen den Kaiser!«

Als Pilatus das hörte, ließ er Jesus herausführen. Er setzte sich auf den Richterstuhl an der Stelle, die Steinpflasterhof oder Lithostrothos heißt, auf hebräisch: Gabbata. Es war der Tag vor dem Passafest, etwa zwölf Uhr mittags. Pilatus sagte zu den Juden: »Da habt ihr euren König!« Sie schrien: »Fort mit ihm! Ans Kreuz!« Pilatus fragte sie: »Euren König soll ich kreuzigen lassen?« Die führenden Priester antworteten: »Unser einziger König ist der Kaiser in Rom!« Da gab Pilatus ihnen nach und befahl, Jesus zu kreuzigen.

Bild und Deutung

■ Das Gelände ist steil, der Hintergrund felsig, wild zerklüftet, bedrohlich. Der Ort deckt sich beängstigend stark mit der Botschaft. Der verfügbare Platz ist eingeebnet und mit Steinen roh bepflastert, den Gerichtshof andeutend (hebräisch GABBATA, griechisch LITHOSTROTHOS = Steinpflasterhof), in dem Pilatus zu Gericht saß. Gegen den brüchigen Berghang hin ist eine Reihe wuchtiger Steinsitze aufgebaut, für die Richter, die den Tod Jesu beschließen. In einer Art erhöhtem monumentalem Felsentor im Hintergrund prangt eine marmorne Inschrifttafel: Wir haben ein Gesetz und nach diesem Gesetz muß er sterben … Es ist die gemeinsame Rechtfertigung aller Machthaber dieser Erde, auf Kosten ihrer Untertanen ihre Macht zu erhalten. Pilatus war nicht der erste, auch nicht die Führer des jüdischen Volkes von damals. Eine unüberschaubare Reihe ist zu erkennen, von Kain bis Milosevic ..., verbreitet auf der ganzen Erde und über alle Zeiten. Deshalb die Bogenform der Richtersitzreihe, die als Teil eines ganzen Kreises wieder die Unbegrenztheit in Raum und Zeit andeutet. Auch die Kirche hatte zeitweilig einen Platz darin. Der Platz für einen weiteren Richtersitz ist noch frei. – Ist es der meine – der deine?

Jesus unterstellt sich freiwillig diesem grausamen und tödlichen Mechanismus. Warum?

Besinnung

■ Der Prozeß, den die jüdischen Volksführer gegen Jesus anstrengten, zeigt in aller Deutlichkeit, daß sich der Rabbi aus Nazaret frei dem Ablauf gestellt hat. Er hatte immer wieder die Möglichkeit auszuweichen, auch ohne die Prinzipien seiner Lehre zu verleugnen; das um so leichter, als die römische Besatzungsmacht keine Gefahr für die öffentliche Ordnung in seiner Tätigkeit oder in seiner Botschaft erblickte. Pilatus spricht es immer wieder aus (Joh 18,38; Joh 19,4 u. a.). Damit stellt sich die Frage: Warum wollte Jesus das Opfer seines Lebens bringen – und das noch durch einen so grausamen Foltertod? Wollte Gott dieses Opfer, um die Gerechtigkeit wiederherzustellen? Sollte dadurch für alle Sünden, welche die Menschheit begangen hat, eine Gegenleistung – die Wiedergutmachung verletzter Ehre erbracht werden? Wollte ein von menschlicher Sünde beleidigter Gott die Sühne haben, die der endliche Mensch gar nicht leisten konnte, weil Endlichkeit gegen Unendlichkeit nie ein Gleichgewicht abgibt? Also konnte dieser Ausgleich folgerichtig nur durch den gleichwertigen Gottessohn vollzogen werden.

Das ist nicht die Botschaft des Neuen Testaments. An vielen Stellen klingt sie ganz anders, z. B. in Joh 3,17: »Denn Gott hat seinen Sohn nicht in die Welt gesandt, damit er die Welt richtet, sondern damit die Welt durch ihn gerettet wird.« Zugegeben, man könnte hier immer noch an stellvertretende Sühne denken, die eben Jesus dem beleidigten Gott gegenüber an unserer Stelle geleistet hat. Die Formulierung erlaubt aber auch, an ein ganz anderes »commertium salutis« zu denken, nämlich an das Heilsgeschäft, das im *Werbespiel der Liebe* besteht.

Der Zusammenhang ist einfach: Gott ist Liebe (1 Joh 4,8). Seine Beziehung zum freien Geschöpf Mensch ist eine Beziehung der Liebe. Liebe kann aber ihrem Wesen nach nur eine freie Gabe sein. Alles andere würde sie von vornherein zerstören, vernichten – im Grund gar nicht entstehen lassen. Um das Ja der Liebe kann nur geworben werden. Das allein ist die Antwort auf die Frage, warum Jesus den Opfertod starb: Gott wirbt mit dem letzten Einsatz um das Ja seines Geschöpfes Mensch.

Zur Bestätigung zwei WORTE GOTTES (von vielen möglichen):

✦ a) Johannesevangelium (3,16): »Gott liebte die Menschen so sehr, daß er seinen einzigen Sohn hergab« (der ganze Abschnitt, 3,16–21, ist großartig).

✦ b) Johannesevangelium (15,13): »Niemand liebt mehr als der, der sein Leben für seine Freunde opfert.«

Bedenkendes Beten

Es gibt viele Geheimnisse unter der Sonne.
Eines geht über die Sonne hinaus.
Du, Gott, der Unbegrenzte, der Allmächtige, der Absolute!
Nur der Hauch eines Wortes von dir und Welten entstehen.
Nichts geschieht im unbegrenzten Kosmos
ohne deinen Willen.
Nur ein kleines Stäubchen im großen Weltall,
auf dem Staubkörnchen Erde, ein »Nichts« –
davor stehst du, der Unendliche,
und hast Dir deine Hände gebunden.
Nicht genug:
Du läßt dich erniedrigen, tiefer als in den Staub,
mit dem einzigen Ziel,
daß dein kleines – großes Geschöpf Mensch
FREI
eintritt in die ewige Sinfonie der Liebe,
des einzig wirklich Göttlichen
auf dieser großen kleinen Erde.
Es sollte uns in der Tat nicht schwerfallen
angesichts des Preises, der geboten ist.

Und doch!
Welches Geheimnis ist größer:
dein Mühen, o Gott, um unser Ja,
oder unsere offenbar vielfältige Verweigerung?

Hilf, daß wir uns nicht wieder wenden und drehen,
um unsere Falschmünzerei zu rechtfertigen.

Du kennst uns:
– auch den schwächsten Schimmer
eines wirklichen, kleinen und zaghaften
– aber doch aufrichtigen Ja,
das im schütteren Erdreich eines guten Willens
in unserer Seele wachsen möchte.

Lieder

LS 25 Kleines Senfkorn Hoffnung
LS 162 Wenn ich alle Sprachen
LS 184 Ins Wasser fällt ein Stein
LS 196 Ich habe dich in meine Hand geschrieben
LS 290 Was wäre eine Liebe

Mitgehsatz

JESUS, DER MIT LETZTEM EINSATZ
UM DAS JA DER MENSCHEN WARB

13 Kreuzigung

Botschaft

■ **Jesus sagte: »Jetzt ist alles vollendet.« Dann ließ er seinen Kopf sinken und starb** (Joh 19,30).

Evangelium nach Johannes 19,16b–37

■ Die Soldaten übernahmen Jesus. Er mußte sein Kreuz selber aus der Stadt hinaustragen, bis zu dem Ort, der »Schädel« genannt wird – auf hebräisch heißt er Golgota. Dort nagelten sie Jesus ans Kreuz. Rechts und links von ihm wurden zwei andere Männer gekreuzigt. Pilatus ließ ein Schild am Kreuz anbringen; darauf stand: »Jesus von Nazaret, der König der Juden«. Der Ort, wo Jesus gekreuzigt wurde, war nicht weit von der Stadt entfernt, deshalb lasen viele diese Aufschrift. Sie war in hebräischer, lateinischer und griechischer Sprache abgefaßt. Die führenden Priester sagten zu Pilatus: »Schreib nicht: ›Der König der Juden‹, sondern: ›Dieser Mann hat behauptet: Ich bin der König der Juden.‹« Pilatus sagte: »Was ich geschrieben habe, bleibt stehen.«

Nachdem die Soldaten Jesus ans Kreuz genagelt hatten, nahmen sie seine Kleider und teilten sie in vier Teile. Jeder erhielt einen Teil. Das Untergewand aber war in einem Stück gewebt und hatte keine Naht. Die Soldaten sagten zueinander: »Wir wollen es nicht zerteilen; das Los soll entscheiden, wer es bekommt.« So traf ein, was in den heiligen Schriften vorausgesagt war: »Sie haben meine Kleider unter sich verteilt. Mein Gewand haben sie verlost.« Genau das taten die Soldaten.

Nahe bei dem Kreuz, an dem Jesus hing, standen vier Frauen: seine Mutter und deren Schwester sowie Maria, die Frau von Kleopas, und Maria aus Magdala. Jesus sah seine Mutter dort stehen und daneben den Jünger, den er liebte. Da sagte er zu seiner Mutter: »Er ist jetzt dein Sohn!« Und zu dem Jünger sagte er: »Sie

ist jetzt deine Mutter!« Von da an nahm der Jünger sie bei sich auf.

Jesus wußte, daß nun alles zu Ende gebracht war. Damit die Voraussage in den heiligen Schriften in Erfüllung ging, sagte er: »Ich habe Durst!« In der Nähe stand ein Gefäß mit Essig. Die Soldaten tauchten einen Schwamm hinein, steckten ihn auf einen Ysopzweig und hielten ihn Jesus an die Lippen. Er nahm davon und sagte: »Jetzt ist alles vollendet.« Dann neigte er den Kopf und starb.

Die führenden Männer baten Pilatus: »Laß doch den Hingerichteten die Beine brechen und sie vom Kreuz abnehmen.« Sie sagten das, weil es Freitag war und sie die Toten nicht über den Sabbat am Kreuz hängen lassen wollten. Der kommende Sabbat war außerdem ein ganz besonders hoher Feiertag.

Die Soldaten gingen hin und brachen die Beine der beiden Männer, die mit Jesus zusammen gekreuzigt worden waren. Als sie zu Jesus kamen, merkten sie, daß er schon tot war. Darum brachen sie seine Beine nicht. Aber einer der Soldaten stach ihm mit seinem Speer in die Seite. Da kam Blut und Wasser heraus. – Der Mann, der dies sah, hat es bezeugt. Wir wissen, daß er die Wahrheit gesagt hat, und er selbst weiß es auch. Deshalb könnt ihr euch darauf verlassen. Das geschah, damit eintraf, was in den heiligen Schriften vorausgesagt war: »Sie werden ihm keinen Knochen brechen.« Und an einer anderen Stelle heißt es: »Sie werden auf den blicken, den sie durchbohrt haben.«

Bild und Deutung

■ Der Ort ist eine zerklüftete Felskuppe, von den Anwohnern *Geierknott* genannt; darauf ein groß dimensioniertes Kreuz mit weit ausladendem und nach vorne gebogenem Querbalken. Am bergseitigen Steilhang Dutzende Holzkreuze verschiedenartiger Gestalt und Größe, die gewissermaßen auf das große Kreuz auf dem Felsenkopf zustreben. Das Bild will sagen: Jener, der den Kelch allen menschlichen Leides bis zur Neige selber getrunken hat, nimmt alles Leid dieser Erde an sich, um es mit hineinzunehmen in die große Verwandlung, die durch seine Liebe möglich geworden ist.

Die Bildsprache auf dem Kreuzeshügel drückt noch etwas anderes aus: Jedes menschliche Kreuz bedeutet immer auch ABSTIEG, ja häufig genug beängstigender Sturz! Aber an der äußersten Kante, vor der gähnenden Tiefe steht das Kreuz Christi, und Er, der daran hängt, ist bereit, aufzufangen und zu halten … und zu retten!

Besinnung

Die vielen Kruzifixe, die vor allem im christlich-katholischen Milieu überall angebracht oder aufgestellt werden, vom HERRGOTTSWINKEL bis zu den Wegkreuzen, haben zu einer bildverleugnenden Abstumpfung geführt. Man sieht ja nicht mehr den zu Tode gefolterten Menschen, sondern begutachtet die Darstellung nach Stil und Alter, nach modern und altmodisch, nach ihrem kunsthistorischen Wert usw. Man stelle sich das einmal vor: Eine Mutter sieht die Momentaufnahme ihres Kindes, wie es unter entsetzlichen Qualen stirbt, und man findet ein solches Bild dann schön oder nicht grad so schön, modern oder altmodisch usw. Entsetzlich! – Was kann man aber tun, um dem Bild seine Sprache wiederzugeben? Wahrscheinlich gelingt das nicht auf dem Weg einer noch drastischeren naturnahen Darstellung, sondern vielleicht eher durch die Symbolsprache. Hier, auf dem KREUZFELSEN, wurde es versucht.

Welches ist das eigentliche Motiv dieses entsetzlichen Todes? Es wurde schon bei der VERURTEILUNG darüber nachgedacht: Jesus Christus, der Gottessohn, setzt seine Botschaft in die Tat um: »Eine größere Liebe hat niemand, als wer sein Leben hingibt für seine Freunde« (Joh 15,13). Nicht ein göttliches Machtwort, nicht der Befehl des wirklich Allmächtigen erfolgt, sondern die Erniedrigung des Gottgesandten bis in den Tod. Aber nicht deshalb, weil er wirklich ohnmächtig wäre, sondern weil er in der für alle Menschen schmerzlichen Realität des Leidens und Sterbens am unmißverständlichsten seine Botschaft zum Ausdruck bringen kann: »So sehr hat Gott die Welt geliebt, daß er seinen einzigen Sohn dahingab« (Joh 3,16). Das Lebensopfer ist die stärkste und unmißverständlichste Sprache der Liebe für die Menschen aller Sprachen und Kulturen.

Wir werden es wohl niemals begreifen: Wieso schafft der Allmächtige Leiden und Tod nicht einfach ab? – Er tut es! Allerdings meist nicht in dem von den Betroffenen gewünschten Augenblick. Aber er tut es wirklich! Bis dahin – dürfen wir das sagen? – heiligt er das Leid und den Tod als die große, als die letzte und allertiefste Aussage einer liebenden Hingabe bis in den Tod. So sind Jesu letzte Worte am Kreuz auch zu verstehen: »Vater, in deine Hände lege ich meinen Geist« (Lk 23,46).

Gebete

Jesus, Sohn Gottes,
du nimmst uns Menschen Leiden und Tod nicht ab,
aber du nimmst sie an dich.
Das ist ein berührendes und starkes Wissen für den,
der deine Botschaft an sich herankommen läßt.
Was es auch immer sei:

UNSCHULDIGES oder SCHULDIGES Leiden –
mit dir und in dir
kann es zum höchsten Ausdruck
der Vollendung in der Liebe werden.
Meist ein zu hohes Ideal für mich
in den Niederungen meiner geistlichen Armut.

Wenn ich aber auch nicht stark an deiner Seite stehen kann,
so nimm mich doch auf in deine Arme,
die ausgebreitet sind genau für jene,
die aus sich selbst
nicht mehr weiterkönnen.

Seht den Menschen

■ Nichts im Leben eines Menschen ist vollkommen, weder seine Kraft noch seine Schwäche noch sein Herz. Und wenn er seine Arme öffnet, wirft er den Schatten eines Kreuzes.

✦ Seht den Menschen, der seine Arme öffnet
und sich anderen Menschen liebevoll zuwendet.

✦ Seht den Menschen, der seine Arme öffnet,
um andere zu umarmen.

✦ Seht den Menschen, der seine Arme öffnet
und die Not der anderen spürt.

✦ Seht den Menschen, der seine Arme öffnet
und dadurch andere aus ihrer Einsamkeit,
Isolation und Depression herausholt.

✦ Seht den Menschen, der seine Arme öffnet
und durch seinen Einsatz
dem Elend in der Welt entgegenwirkt.

✦ Seht den Menschen, der seine Arme öffnet,
nicht um für sich zu raffen,
sondern um zu geben und Geschenktes anzunehmen.

✦ Seht den Menschen, der seine Arme öffnet
und sich von Gott und seiner Umwelt anrühren läßt.

Louis Aragon

Lieder

LS 560 Mein Herr und mein Gott
LS 293 Wer von der Liebe singt
LS 139 Gott, deine Liebe reicht weit
LS 237 Nimm mein Leben

Mitgehsatz

JESUS, DER SEIN JA ZUM MENSCHEN IM TOD BESIEGELTE

Wichtiger Hinweis vor dem Betreten des nächsten Besinnungspunktes: Der Weg hört gleichsam vor dem Besinnungspunkt auf. Der einzige Durchgang hat die Konturen eines Sarges, der mit Ketten abgedeckt ist, die Unerbittlichkeit auch des eigenen Sterbens anzeigend. Man soll sehr bewußt die Schritte tun, um auch die VERWANDLUNG in der Gestalt des Besinnungspunktes innen zu erleben.

14 Auferstehung

Botschaft

■ **Habt keine Angst! Ihr sucht Jesus aus Nazaret, der ans Kreuz genagelt wurde. Er ist nicht hier; Gott hat ihn vom Tod erweckt! Hier seht ihr die Stelle, wo er gelegen hat** (Mk 16,6).

Aus dem Evangelium nach Markus 16,1–8

■ Am Abend, als der Sabbat vorbei war, kauften Maria aus Magdala, Maria, die Mutter von Jakobus, und Salome wohlriechende Öle, um den Toten einzubalsamieren. Ganz früh am Sonntagmorgen, als die Sonne gerade aufging, kamen sie zum Grab. Unterwegs hatten sie sich überlegt, wer ihnen den Stein vom Grabeingang wegrollen könnte, denn er war sehr groß. Aber als sie hinsahen, bemerkten sie, daß der Stein schon entfernt war.

Sie gingen in die Grabhöhle hinein und sahen dort auf der rechten Seite einen jungen Mann in einem weißen Gewand sitzen. Sie erschraken sehr. Er aber sagte zu ihnen: »Habt keine Angst! Ihr sucht Jesus aus Nazaret, der ans Kreuz genagelt wurde. Er ist nicht hier; Gott hat ihn vom Tod erweckt! Hier seht ihr die Stelle, wo er gelegen hat. Und nun geht und sagt seinen Jüngern, vor allem Petrus: ›Er geht euch nach Galiläa voraus. Dort werdet ihr ihn sehen, genau, wie er es euch gesagt hat.‹« Da verließen sie die Grabhöhle und flohen. Sie zitterten vor Entsetzen. Und weil sie solche Angst hatten, erzählten sie niemand etwas davon.

Bild und Deutung

■ Der Wanderer kommt vom Ort der Kreuzigung und steigt nach einer jähen Wegwende steil zum Grab hinunter. Der Anblick ist eine tote düstere Wand – gleichsam ein Riesensarg in der Landschaft. Modernde Wurzelstöcke, Steine, Dornen sind vorgelagert. Der Weg scheint zu Ende zu sein. Erst in der Nähe erkennt

man seitlich einen schmalen Durchgang in den Konturen eines Sarges, abgedeckt mit einem Kettenvorhang. Die Ketten des Todes. Aus dem Grabinnern ist ein Entrinnen nicht mehr möglich. Den schicksalhaften Schritt von außen nach innen – jeder und jede muß ihn tun!

Dann aber öffnet sich unvermittelt der Blick: Weite! – Licht! – Leben! Aus einer Steinkugel über dem Wasser eines kleinen Teiches bricht Wachstum hervor: Blätter – Blüten! – Auferstehung! – Verweilen!

✦ **Weitere Botschaften:** Abgesehen vom überall gegenwärtigen Grün und dem Wachstum, das sich im Verlauf der Jahre immer mehr verdichten soll, fällt am schnellsten der Teich ins Auge. Die ganze Wassersymbolik öffnet sich dem nachdenklichen Begeher: Wasser = Leben. Gerade im niederschlagsarmen Vinschgau weiß man das sehr gut, wo viele kilometerlange Waale, oft geführt über halsbrecherische Steilwände, schon seit Urzeiten das lebenspendende Naß auf die Brotfelder brachten, wodurch das Überleben der Menschen an vielen Orten überhaupt erst möglich wurde.

Der Teich wird gespeist von einem kleinen Wasserlauf, der seitlich unter einem Felsen entspringt (in einem künstlichen Kreislauf). Biblische Bilder tauchen auf: Hat Gott nicht mit WASSER AUS DEM FELSEN das verdurstende Volk auf dem Weg durch die Wüste gerettet? (Ex 17,1–7 und Num 20,1–13) Das Wasser der Taufe bewirkt geistlich das Hineingeborenwerden in die unendliche Liebe Gottes, des Vaters. Dazu gehört wohl auch die sinntiefe Rede mit der Samaritanerin am Jakobsbrunnen, wie sie Johannes in seinem Evangelium wiedergibt (Joh 4,1–26), wo wir auch das wunderbare Wort lesen: »Wer aber von dem Wasser trinkt, das ich ihm gebe, wird niemals mehr Durst haben. Ich gebe ihm Wasser, das in ihm zu einer Quelle wird, die ewiges Leben schenkt« (Joh 4,14).

Die kugelförmige Keramikvase auf einem Stein, der aus der Teichmitte ragt, erinnert an das Osterei, das auch seit langer Zeit als ein Auferstehungssymbol gedeutet wird: Aus dem steinartigen Gebilde bricht Leben hervor, wo Steine sonst doch leblos und unfruchtbar sind!

Der ganze Platz folgt in seiner Umgrenzung annähernd der Linie eines Dreieckes, das immer schon auch als Sinnbild der göttlichen Dreifaltigkeit gedient hat. Das Neue Testament offenbart Gott nicht als den großen Einsamen, sondern als den GOTT DER BEZIEHUNG, den Dreifaltigen Gott, den Gott der Liebe. Wieder eine deutliche Botschaft für ewiges, unbegrenztes Leben!

Besinnung

Wie der Haß den Tod in sich trägt, so trägt die Liebe das Leben. Das ist eine tiefe Wesensverbundenheit: Liebe – Leben, Haß – Tod. Das Heilswerk Gottes läßt diesen Zusammenhang klar erkennen. Wenn Gott die Liebe (1 Joh 4,8) ist, dann ist er auch das Leben und umgekehrt. Und wo in diesem irdischen Dasein die Vollkommenheit der Liebe erreicht wird, muß auch der Übergang zum Leben erfolgen. Wir glauben, daß Jesus als Gottmensch die höchste Stufe der Liebe gelebt hat und deshalb auferstehen mußte.

Bedenkendes Beten

Auferstehen

Auferstehen heißt,
vor allem aus sich herausgehen.
Die Kruste des Egoismus zerbrechen,
die uns in unser eigenes Ich einzusperren sucht.

Auferstehen heißt,
damit aufhören, sich um sich selbst zu drehen,
als ob man der Mittelpunkt
der Welt und des Lebens wäre.

Auferstehen heißt,
sich nicht in den Kreis der Probleme
der kleinen Welt einschließen lassen,
zu der wir gehören, –
mag sie so wichtig sein wie immer.
Die Menschheit ist größer.
Und eben dieser müssen wir dienen.

Dom Helder Camara

Du bist Liebe

Du bist Liebe – ich möchte du sein!
Liebe, die nicht blind macht, sondern sehend.
Liebe, die nicht fesselt, sondern löst.
Liebe, die nicht zwingt, sondern befreit.
Liebe, die nicht bedrückt, sondern erleichtert.
Liebe, die nicht verzehrt, sondern speist.
Liebe, die nicht verbrennt, sondern wärmt.
Liebe, die nicht ängstigt, sondern froh macht.
Liebe, die nicht zuschließt, sondern öffnet.
Liebe, die nicht versteckt, sondern offenbart.
Liebe, die nicht verliert, sondern findet.
Liebe, die nicht leerschöpft, sondern erfüllt.

Liebe, die nicht bedrängt, sondern tröstet.
Liebe, die stillt als dauernde Quelle.

O Gott, deine Liebe zu uns,
die alle Grenzen unseres Lebens sprengt
und unseren Tod auf sich nimmt,
hat uns befreit, erlöst und erfüllt.

So dürfen wir Kinder deiner Liebe sein.

Jugendgottesdienste I

Auferstehungsmensch

Da braucht jemand meine Hilfe.
Paßt nicht gerade in den Plan.
Ich kann aber – mit Mühe – umstellen.
Auferstehungsmensch!

Ein falsches Wort und Tun in die Vertrauenswunde
vertieft den Graben zwischen uns.
Ich überbrücke den Abgrund.
Auferstehungsmensch!

Ich habe schon genug gegeben an Zeit und Kraft und Geld.
Einmal ist genug. – Aber ich gebe weiter – und sehe,
wie reich ich doch noch bin.
Auferstehungsmensch!

Die Bequemlichkeit weiß immer einen Weg.
Das Ziel, es bleibt das eigne Ich.
Das Gebet zerbricht die Mauer.
Auferstehungsmensch!

Nimm mich hinein in deine Auferstehung –
noch vor meinem Tod!

Lieder

LS 155	Gott spannt leise feine Fäden
GL 213	Christ ist erstanden
GL 220	Dies ist der Tag … (nach der Melodie 585)
GL 888	Christus ist erstanden
LS 199	Surrexit Dominus vere
LS 124	Auferstanden, alleluja

Mitgehsatz

JESUS, GOTTES LIEBE –
DURCHBRUCH ZUM LEBEN

15 Geistsendung

Botschaft

Ihr werdet von Gottes Geist erfüllt werden. Der wird euch fähig machen, überall als meine Zeugen aufzutreten: in Jerusalem und ganz Judäa, in Samarien und bis in den letzten Winkel der Erde (Apg 1,8).

Aus der Apostelgeschichte 1,4–11 und 2,1–12

Als Jesus wieder einmal bei ihnen war, gab er ihnen die Anweisung: »Bleibt in Jerusalem und wartet auf den Heiligen Geist, den euch mein Vater versprochen hat und den ich euch angekündigt habe. Johannes hat mit Wasser getauft, aber ihr werdet schon bald mit dem Geist Gottes getauft werden.«

Da fragten sie ihn: »Herr, wirst du dann die Herrschaft Gottes in Israel aufrichten?« Jesus antwortete: »Den Zeitpunkt dafür hat mein Vater selbst festgelegt; ihr braucht ihn nicht zu kennen. Aber ihr werdet vom Geist Gottes erfüllt werden. Der wird euch fähig machen, überall als meine Zeugen aufzutreten: in Jerusalem und in ganz Judäa, in Samarien und bis ans äußerste Ende der Erde.«

Während er das sagte, wurde er vor ihren Augen emporgehoben. Eine Wolke nahm ihn auf, so daß sie ihn nicht mehr sehen konnten.

Als sie noch nach oben starrten, standen plötzlich zwei weißgekleidete Männer neben ihnen. »Ihr Galiläer«, sagten sie, »warum steht ihr hier und schaut nach oben? Dieser Jesus, der von euch weg in den Himmel aufgenommen wurde, wird auf dieselbe Weise wiederkommen, wie ihr ihn habt weggehen sehen.«

Am jüdischen Pfingstfest waren wieder alle, die zu Jesus hielten, versammelt. Plötzlich hörte man ein mächtiges Rauschen, wie wenn ein Sturm vom Himmel herabweht. Das Rauschen erfüllte das ganze Haus, in dem sie waren. Dann sah man etwas wie Feuer, das sich zerteilte, und auf jeden von ihnen ließ sich eine Flammenzunge nieder. Alle wurden vom Geist Gottes erfüllt und begannen in verschiedenen Sprachen zu reden, jeder wie es ihm der Geist Gottes eingab.

Nun lebten in Jerusalem fromme Juden aus aller Welt. Als sie das mächtige Rauschen hörten, strömten sie alle zusammen. Sie waren bestürzt, denn jeder hörte die versammelten Jünger in seiner eigenen Sprache reden. Außer sich vor Staunen riefen sie: »Die Leute, die da reden, sind doch alle aus Galiläa! Wie kommt es, daß wir sie in unserer Muttersprache reden hören? Unter uns sind Parther, Meder und Elamiter, Leute aus Mesopotamien und Kappadozien, aus Pontus und aus der Provinz Asien, aus Phry-

gien und Pamphylien, aus Ägypten, dem libyschen Zyrene und aus Rom, aus Kreta und Arabien, Menschen jüdischer Herkunft und solche, die sich der jüdischen Gemeinde angeschlossen haben. Und trotzdem hört sie jeder in seiner eigenen Sprache die großen Taten Gottes verkünden.

Erstaunt und verwirrt fragten sie einander, was das bedeute. Andere machten sich darüber lustig und meinten: »Die Leute sind doch betrunken!«

Bild und Deutung

■ Das Gelände, von den Anwohnern *Schatz-Egg* genannt, bietet großartige Elemente für die Botschaft: Es ist ein erhöhter Punkt in der Landschaft, nach allen Seiten abfallend, von einem dichten Föhrenwald umstanden, so daß das Licht von oben einfällt. Die kleine Kuppe ähnelt einem vierseitigen Pyramidenstumpf, dessen Steilkanten ziemlich genau in die vier Himmelsrichtungen weisen. Auf der künstlich eingeebneten Plattform wurde mit Granitwürfeln die Windrose eingelegt, um die Universalität der Jesusbotschaft anzuzeigen, und daß ihre Zeugen in alle Windrichtungen, bis in die letzten Winkel der Erde zu gehen haben.

Auf die Feuerzungen des Heiligen Geistes weist die Feuerstelle in der Mitte hin. Sie ist von vier segmentförmigen Sitzbänken umgeben als Hinweis auf eine KIRCHE, die auch nach allen Seiten hin OFFEN sein soll.

Besinnung

■ Es gehört zum Wesen der Heilsabsicht Gottes, sich zu verschenken. Eine uralte Weisheit formuliert: *Liebe ist das Einzige, das sich vermehrt, wenn man es verschenkt.* Die Botschaft Jesu soll auch *verschenkt* werden, immer wieder. Aber verschenkt und nicht aufgezwungen!

Das Wort MISSION ist in eine verhängnisvolle Doppelbedeutung geraten. Vom Wortsinn her ist der Auftrag gemeint, Gottes Liebe zu bezeugen, also zu verschenken: »Ihr sollt meine Zeugen sein« (Apg 1,8). Es muß aber in aller Deutlichkeit gesagt werden, Gottes Liebe und nicht Gottes Herrscherwille, den es nach Art menschlichen Regierens gar nicht gibt.

Sicher erinnern sich manche Jesusweg-Begeher/-innen an das Lied *Ein Haus voll Glorie schauet …* und an entsprechende Bilder, die das *Haus voll Glorie* gemalt oder gezeichnet darstellen: Die Peterskirche von Rom auf einem trotzigen Felsenriff, umbrandet von den Stürmen der Zeit. In mancher Beziehung mag der kleine Pyramidenberg mit dem Besinnungspunkt GEISTSENDUNG an diese Sichtweise erinnern. Den Gestaltern des Besinnungspunktes lag jedoch das Bildwort von Papst Johannes XXIII. viel näher, der mit der Ankündigung des Vatikanischen Konzils begonnen hat, die FENSTER DER KIRCHE weit zu öffnen. So läßt auch die

Sitzrunde auf dem Besinnungspunkt, die Kirche darstellend, in allen vier Windrichtungen einen weiten Durchgang offen.

Der Sitzkreis auf dem Hügel weist auch auf VOLK GOTTES – KIRCHE – hin. Es sind insgesamt 24 Sitze. Der Bibelkundige versteht gleich auch die Botschaft. Es gibt keine Trennung zwischen Altem und Neuem Testament, sondern nur ein enges Zusammensein: Man kann die zwölf Stämme Israels nicht von den zwölf Grundsäulen der Kirche, den zwölf Aposteln, unterscheiden. Alle 24 Sitze schauen gleich aus.

Ein weiteres Symbol: Der Ort ist allen Vinschger Winden sehr ausgesetzt. Wer sich mit einem natürlichen Licht am Platz aufhält, muß schon sehr darauf achten, daß ihm die Flamme auch bei schönstem Wetter nicht ausgeht. So braust oft ein starker Wind über den Hügel. Im Pfingstbericht der Apostelgeschichte heißt es ja: »Plötzlich hörte man ein mächtiges Rauschen, wie wenn ein Sturm vom Himmel herabweht …«

Bedenkendes Beten

Datenschutz für Christen

O ja! Schutz der Persönlichkeitssphäre,
daran sind wir sehr interessiert.
Christen waren
dem Gesetzgeber heute auch längst voraus:
Christsein ja, nur nicht Einzelheiten,
keine weitere Identität!
Wär' aber doch gelacht,
es spräch' uns jemand das Christsein ab!

Was sagst du dazu, du Geist von Pfingsten?

Deine Antwort: »Ich halte nichts davon!«
Habt ihr es schon vergessen?
»Jeder hörte die versammelten Jünger
in seiner eigenen Sprache reden« (Apg 2,11),
in allen Einzelheiten.

Und was sagten sie?
Frag lieber, was sie taten!
»Sie teilten alles miteinander,
feierten das Mahl des Herrn
und beteten gemeinsam …« (Apg 2,42)
– und alle haben sie verstanden!

Und darauf gebe ich die Garantie
als Pfingstgeist im dritten Jahrtausend:
»Als Sprachwunder wirke ich heute
wie vor zweitausend Jahren!«

… weil es uns nicht gibt!

Sagen nicht deswegen so viele:

Es gibt keinen Gott,
– weil es uns nicht gibt:
uns Helfer,
uns Verteidiger des Menschenrechts,
uns Gegner der Diktatur,
uns – Christen?

Sagen nicht deswegen so viele:

Es gibt keinen Gott,
– weil es uns nicht gibt:
als Hand, die heilt,
als Wort, das befreit,
als Wasser, das Wüsten belebt?

Martin Gutl

Lieder

1. Der Geist des Herrn erfüllt das All
mit Sturm und Feuersgluten;
er krönt mit Jubel Berg und Tal,
er läßt die Wasser fluten.
Ganz überströmt von Glanz und Licht
erhebt die Schöpfung ihr Gesicht, frohlockend: Halleluja!

2. Der Geist des Herrn erweckt den Geist
in Sehern und Propheten,
der das Erbarmen Gottes weist
und Heil in tiefsten Nöten.
Seht, aus der Verheißung blüht;
die Hoffnung hebt sich wie ein Lied und jubelt: Halleluja!

3. Der Geist des Herrn treibt Gottes Sohn,
die Erde zu erlösen;
er stirbt, erhöht am Kreuzesthron,
und bricht die Macht des Bösen.
Als Sieger fährt er jauchzend heim
und ruft den Geist, daß jeder Keim aufbreche: Halleluja!

4. Der Geist des Herrn durchweht die Welt
gewaltig und unbändig;
wohin sein Feueratem fällt,
wird Gottes Reich lebendig.
Da schreitet Christus durch die Zeit
in seiner Kirche Pilgerkleid, Gott lobend: Halleluja!

Gotteslob 249

LS 33+33b	Komm, Heilger Geist
LS 33+33b	Ein Funke ist genug
LS 74	Mächtige Ströme des Segens

Mitgehsatz

JESUS, BOTSCHAFT DES LEBENS
FÜR DIE WELT
DURCH DEN HEILIGEN GEIST

Abstieg

Bild und Deutung

■ Gott gebe es, daß es uns dann und wann einmal geschenkt ist, so ganz glücklich zu sein, bis oben hin erfüllt von Freude und Begeisterung und den Augenblick kaum erwartend, dem aufgestauten Tatendrang freien Lauf zu lassen. Die Fortsetzung des Besinnungsweges nach der GEISTSENDUNG rät uns zur Behutsamkeit. Er führt uns unvermittelt in ein steiles Gelände, als wollte er sagen: *Höhepunkte haben es natürlicherweise in sich, weil sie hoch liegen und ein Abstieg unvermeidlich ist. Er soll nur nicht zum Absturz führen!*

Übertragen auf die konkrete Gestalt unseres Weges, gewinnen wir eine zusätzliche Erkenntnis: Die Art und Weise, wie die Gehspur ausgebaut ist, bewahrt uns vor Abstürzen oder auch nur vor Rutschverletzungen. Sie weist kleine, niedrige, dafür aber sichere und feste Stufen auf und ist meist doppelseitig gesichert durch ein starkes Geländer. Dadurch sind wir gezwungen, gemächlich und bedacht zu gehen. Auch der allmächtige Gott hat die Welt nicht an einem Tag erschaffen!

Besinnung

■ Sollte der Besinnungsweg den einen und anderen guten Samen hervorgebracht haben, dann laß ihn gutes, tiefgründiges Erdreich finden, daß er sich in dir einsenken und zur gegebenen Zeit keimen und entfalten kann. Die Strecke, die zu gehen bleibt, ist kurz und dementsprechend kurz auch die Zeit, bis der harte und glatte Asphalt des Alltags wieder unter deinen Füßen ist. Vertraue es ruhig Jesus an, dem Weggefährten, wie vielfältig die Frucht sein wird, die der Same seines Geistes in dir entstehen lassen wird.

Rückkehr

■ Noch etwas, eine kleine Abschiedsgabe sozusagen:

Wer den ganzen Besinnungsweg gegangen ist, stieg viermal bergauf und viermal bergab.

DIE VIER BERGE: erstens die Versuchung, zweitens Anstieg bis zum Besinnungspunkt ⓫: das Abendmahl, drittens Kreuzigung und viertens die Geistsendung, Besinnungspunkt ⓯.

Viermal! Diese Zahl erinnert wieder an biblische Sprache. (Dezimalgrößen bedeuten meist dasselbe wie die Einerreihe).

Wir erinnern uns an einige Vorkommnisse der Heilsgeschichte: Mose war vierzig Tage und vierzig Nächte auf dem Berg Sinai (Ex 24,18); das VOLK GOTTES wanderte vierzig Jahre durch die Wüste bis ins Gelobte Land (Ex 16,35); der Prophet Elija ging vierzig Tage und vierzig Nächte in der Kraft der empfangenen Speise bis zum Gottesberg Horeb (3 Kön 19,8); Jesus fastete vierzig Tage und vierzig Nächte in der Wüste (Mt 4,2 u.a.); nach der Auferstehung erschien Jesus den Seinen vierzig Tage hindurch (Apg 1,3) ...; es geht dabei immer um intensive Gottesbegegnungen bzw. um den Weg, auf dem der Mensch zu seinem letzten Ziel, zu Gott, gelangt. Möge der gerade zurückgelegte Jesus-Besinnungsweg auch die gute Verheißung in sich tragen, daß der Begeher/die Begeherin auch glücklich das letzte Ziel des Lebens erreicht, aber nicht erst im Jenseits!

Als gedanklich-betender Abschluß paßt das Glaubensbekenntnis, das JÖRG ZINK persönlich für den Jesusweg in Naturns zur Verfügung gestellt hat:

Glaubensbekenntnis

Es steht einer zu mir. Der bejaht mich.
Ich kann darum zu mir selber stehen.
Ich kann mich annehmen.
Ich lege meine Unsicherheit ab.
Ich atme auf und lebe.
Herr, ich danke dir. – In dir bin ich geborgen.

Ich bin gehalten. Mir geschieht nur, was Gott will.
Ich kann also Mut fassen.
Ich brauche mich nicht zu fürchten,
und ich kann auch anderen Mut machen zu ihrem Schicksal.
Herr, ich danke dir. – In dir bin ich geborgen.

Ich werde heil und ganz sein.
Was ich in mir an Rissen und Brüchen kenne,
soll geheilt werden.
»Steh auf!« sagt mir Jesus.
Ich lasse mir also meine Schuld abnehmen
und richte mich auf.
Herr, ich danke dir. – In dir bin ich geborgen.

Ich kann meine Last ablegen.
Ich kann vertrauen
und meinen Weg sorglos und gelassen gehen.
Ich lasse los, was mich bindet und zu Boden drücken will.
Gott will mich leicht und fröhlich.
Herr, ich danke dir. – In dir bin ich geborgen.

Ich bin ein freier Mensch.
Niemand steht über mir außer Gott.
Ich kann für meine Überzeugung stehen.
Gegen jeden Trend und gegen jede Macht.
Wenn es mir Gott aber bestimmt,
bin ich bereit, meine Freiheit abzugeben,
ohne mich zu wehren.
Herr, ich danke dir. – In dir bin ich geborgen.

Mir ist die Wahrheit gezeigt.
Ich kann also in meinem Kopf für Klarheit sorgen.
Ich kann unterscheiden, was wichtig und was unwichtig ist.
Ich nehme die Zeichen der Zeit
und meines Lebensweges wahr.
Herr, ich danke dir. – In dir bin ich geborgen.

In mir ist Frieden, denn in mir ist Christus.
Mein eigener unfriedlicher Wille
gibt dem Willen Gottes Raum.
Ich übe mich darin, Frieden zu stiften.
Herr, ich danke dir. – In dir bin ich geborgen.

Ich bin nicht allein.
Ich bin zu Hause bei Gott und bei den Menschen.
Der Tisch ist frei. Das Haus ist offen.
Ich stelle mich zu denen,
die mit mir zusammen das Haus dieser Erde bewohnen,
zu ihrem Leid und ihrer Einsamkeit.
Herr, ich danke dir. – In dir bin ich geborgen.

Mir ist ein Auftrag gegeben:
Ich soll in der Liebe Gottes leben

und sie für andere spürbar machen.
Ich bin ein Saatkorn für das Reich Gottes
und für seine Gerechtigkeit.
Das ist der Sinn meines Lebens.
Herr, ich danke dir. – In dir bin ich geborgen.

Ich sehe ein Ziel vor mir. Ich bin gerufen.
Ich werde meinen Weg gehen in die größere Welt.
Der Tod kann mir nichts anhaben.
Christus lebt und ich werde leben und glücklich sein.
Herr, ich danke dir. – In dir bin ich geborgen.